《百里壮行任山河纪事》 编委会

行走的思政课

百里壮行任山河

纪　　事

任　皓　主编

黄河出版传媒集团
宁夏人民出版社

图书在版编目（CIP）数据

百里壮行任山河纪事 / 任皓主编. -- 银川 ：宁夏
人民出版社，2024. 11. -- ISBN 978-7-227-08039-8

Ⅰ. G631-53

中国国家版本馆 CIP 数据核字第 2024WZ6082 号

百里壮行任山河纪事	任　皓　主编

责任编辑　赵　亮
责任校对　杨敏媛
封面设计　姚欣迪
责任印制　侯　俊

 黄河出版传媒集团
宁夏人民出版社 出版发行

出 版 人　薛文斌
地　　址　宁夏银川市北京东路 139 号出版大厦（750001）
网　　址　http://www.yrpubm.com
网上书店　http://www.hh-book.com
电子信箱　nxrmcbs@126.com
邮购电话　0951-5052104　5052106
经　　销　全国新华书店
印刷装订　宁夏凤鸣彩印广告有限公司
印刷委托书号　（宁）0031118

开本　　787 mm×1092 mm　1/16
印张　　17.75
字数　　203 千字
版次　　2024 年 11 月第 1 版
印次　　2024 年 11 月第 1 次印刷
书号　　ISBN 978-7-227-08039-8
定价　　48.00 元

翻越山丘，收获命运馈赠的惊喜

1993 年，当一篇名为《夏令营中的较量》的文章见诸报端时，在全国教育界引发了强烈的震动，我们的孩子如何才能做到全面发展？我们的教育如何才能做到为党育人，为国育才？

步入新时代，面对新"挑战"，弘文中学并没有停留在"争论"之中，而是以自己的行动给出了答案。自 1995 年开始，每年清明节前夕，学校都要组织七年级全体师生徒步往返 108 里，翻山越岭，参加在任山河烈士陵园举办的祭奠英烈活动。经过 29 年的坚持，如今这一活动已得到了社会各界的广泛关注，越来越多的群众和学校自觉加入这一活动中来。随着网络时代的到来，有关红色之旅的报道在第一时间传遍了大江南北。2021 年清明节，固原传媒中心率先对此项活动进行了宣传报道，当日点击量突破了 16 亿。2024 年中央电视台以我校这一"行走的思政课"作为"网红品牌"进行了专题报道，"行走的思政课"真正走进亿万群众的心里。

从固原市区到任山河烈士陵园的路程是54里，一日往返108里，这对年龄只有十二三岁的少年而言，无疑是一次重大的人生挑战。但从孩子们成长的轨迹中不难看出，此项活动蕴含着深远的育人价值，从一开始的体能挑战，到团队意识的培育，再到爱国情怀的厚植，最终落脚在感党恩、听党话、跟党走的行动自觉上。

今天，我们精选历届参加任山河烈士陵园祭扫活动的学生留下的文字，集结成《百里壮行任山河纪事》，既是对29年来弘文学子青春年华的纪念，也是对"行走的思政课"的总结和启迪。翻阅一篇篇洋溢着真情实感的文章，仿佛回到了当年，学生们青春的面孔上写满了不屈和奋斗的神情，老师们也在回忆中有了聊发少年狂的意气风发。

这里有我们共同的回忆，也有我们一同跋涉、挣扎的身影，更有着我们人生底色上那一抹不能忘记的色彩。借此，祝福所有参与的同学们，如果人生需要在某一件事上有过奋不顾身的时刻，那么，你们很幸运，在少年时已经经历过，你们将带着这刻骨铭心的记忆走向自己精彩的人生；祝福所有参与的老师，你们的教育生涯借此将翻开全新的一页，感同身受，高山仰止，景行行止。也祝福弘文中学，通过"行走的思政课"这一壮举，将美誉镌刻在了固原的历史上。

在《百里壮行任山河纪事》即将付梓之际，我以参与者和践行者的身份，与同仁们共勉。是为序。

任皓

2024年11月2日于固原市弘文中学

目　录

师　生　篇

家 校 篇

社 会 篇

附　录

师 生 篇

百里步行是摧残吗?

1994 级　固原二中初一（6）班　冯洁

　　任山河，彭阳县古城乡的一个普通村落。只因 1949 年的一次战斗，364 名解放军英烈连同他们的名字一同载入史册。1995 年清明节，我们初一年级师生与校长徒步百里前去为烈士扫墓……

　　108 里路，对于平均年龄仅 13 岁的我们来说，的确是个不短的路程。再加上路途中有一大段是陡峭的山路，我们的"行军"无疑困难重重，不过这次征途的结果是令人振奋的：全年级 6 个班 372 人，除少数生病和体力不支的同学在返程的最后 5 公里坐了车外，绝大部分同学都以脚上磨了大水疱的代价，一瘸一拐地于晚 9 点胜利返回了二中院内。

　　担了一天心的家长们终于落下了悬着的心。紧接着，见仁见智的议论开始了，有的家长看到自己的孩子走了一天路不成样子的时候，心疼极了，不停地骂学校："十三四岁的孩子走一百多里路，简直是摧残！"

　　的确，此行之后我们累得好几天打不起精神，可如果你问同学这样一个小问题："假如下次再走比这更远的路，你们去不去了？"绝大多数的同学回答是："去。"这又是为什么呢？是好了伤疤忘了疼吗？不，那种极度的疲累，身体的痛苦过多少年都不会忘记。但是那种登上高山，放眼四望，心胸开阔的舒畅；那种战胜了困难，战胜了自我之后胜利的喜悦；那种"有过这样一回""我长大了"的自豪，是爸爸妈妈永远给不了我们的。因此我们说，任山河之行虽苦、累，但值得我们以实际行动，宣告我们这一代人，不是爸爸妈妈怀中永远长不大的小鸡苗。我们的精神和毅力是一些动辄叫苦叫累的大人无法相信的。既然这样，那么我们的什么被摧残了呢？

在我们这一代人身上，普遍存在着自私、集体主义观念淡薄的思想行为。但在这次活动中，情况却截然不同。我们翻越黄峁山的时候，山路很陡，同学们空手走都吃力，更别说背个包了同学们大的拉小的，身体棒的拉弱的，互助互爱在同学们中间迅速发展着，友爱感染着每一个人。到了目的地，你让我，我让你，不分你我的吃、喝。归途中，同学们互相鼓励、打气，唱着歌儿，喊着口号，争相执掌校旗。

任山河之行，我们始终保持着良好的精神面貌，充满着团结友爱的热情，同学们的思想境界得到了净化和升华，你能说我们被摧残了吗？

苦不苦，想想红军二万五，累不累，想想雷锋董存瑞，我们正是怀着这种精神去祭奠 364 位为了解放固原而牺牲的英雄，如果我们舒舒服服地坐在车上，享受家长们所谓的"关怀"去扫墓的话，我们还能喊"继承先烈传统，发扬革命精神"的口号吗？是不是扫墓的性质就变为春游了呢？

亲爱的家长，我们被摧残了吗？

注：作者是参加我校第一次百里壮行任山河的学生，于 2000 年考入中国人民大学新闻系。本文原载于 1995 年 6 月 3 日《固原报》。

春风送爽话远行

1996 级　固原二中初一年级　魏静茹

清明节来临了，我校组织初一和高一全体同学步行前往任山河烈士陵园，为长眠在那儿的英烈们扫墓。

清晨 6 点半，我们穿着蓝色的校服，排着一字长蛇阵从学校出发了。队伍前边有彩旗引导，后边有老师相随，我们个个神采飞扬，像即将奔赴战场的战士一般，迈着整齐的步子，迎着习习的春风，踏上了百里的行程。

一路我们唱着"军歌"，脚下踩过了柏油路，又踏上了黄土高坡。

早上 8 点钟，我们来到青石峡水库。这时太阳正升上天空，放射出暖洋洋的光，使人觉得好舒服，好温暖。

只见这青石峡位于两山之间，开阔、宽广，天蓝蓝，水也蓝蓝，在阳光的照射下，那水耀着光点。一阵风过后，水面开始轻微晃动起伏，水纹交织成一个个平行四边形的网，仿佛在缠缠绵绵地诉说着一个美丽的童话。

由于时间紧迫，我们只能短暂停留，便又继续前进了。

到了 9 点钟，火辣辣的太阳开始向我们挑战了，汗水顺着脸颊往下流，浸湿了我们的衬衣、手心和头发。我们的脸像一个个丰收的柿子，浑身热得直淌汗。不知怎的，一热就觉得书包沉了起来，鞋也重了起来，人也变得没有精神。我默默地低着头走，脑海中开始闪现出许多课文中和电视中英雄战士的形象，不由觉得浑身又来了劲，于是脚步又加快了。

这时，我忽然看见校长正在和几位小个子同学竞走，只见胖胖的韩校长严肃的脸上挂着罕见的舒心的笑容，还得意地不时回头朝那几个同学看，乐呵呵地说："看咱们谁是冠军，可不要打退堂鼓。"原来韩校长见这几个掉队的小同学就说要和他们比赛竞走，几个同学都高兴的答应了，这不，不一会儿就被校长甩在身后了。这时路旁的勉老师带头喊起来："小同学要加油，超过校长拿冠军！"这句话可真灵，几个小同学走得更有劲了，脚步也加快了，离校长也越来越近了。我们此时竟忘记了疲惫，感觉到的是远途的愉快和一阵阵的鼓舞、关怀。

太阳升得更高了，我们也更累了。那一环又一环又高又陡的山脊，仿佛没有尽头。

这时几位老师给大伙鼓起劲来，几位女老师带领着一帮同学喊着"一二三四"向山顶冲。山下的男老师则带领着一些调皮、精神的男生编些顺口溜："贾老师，你不假，精神赛过千里马；张老师，你不赖，精神比你的人还美。"这时只听见从山顶传来阵阵笑声。山上又朝山下喊："马老师带好头，大步流星赶上来！"只见马老师朝身后的同学一挥手说："男子汉们，做出榜样给女同胞们看！"话音刚落，这群男生便冲上了山坡。他们背起女生的背包、水壶，这时大家是那么的团结友爱。

太阳依旧放射着刺人眼球的光，疲惫依旧纠缠着我们，可我们这支蓝天下的队伍走得更起劲了。我们对太阳说："太阳，你晒得更厉害些吧！我会与你斗争到底！"

摘自 1997 年初一年级古城之行特刊《海燕》

人生的第一步

1997 级　固原二中初一年级　沈玉婷

听说初一年级要去任山河扫墓，并且能与古城中学的同学交朋友，我们激动极了。有道是："有志不在年高。"我们盼望着走这 108 里路，勉老师担心我们走不下来，但在我们强烈要求下，勉老师终于答应了。

于是，我们便踏上了这趟艰难而又曲折的旅程。

一、磨炼

早上 7 点钟，我们出发了，同学们欢呼起来，个个挺胸抬头走出校门。学校把校旗交给了我们预备班。校旗代表着二中的形象，拿好校旗的责任便落在我们身上。路上同学们是那样的快活、兴奋。歌声一阵接一阵，同学们是那样的精神。来到山上，同学们已有些疲劳了，眼前出现了湖水，于是又欢呼起来。一股凉风吹来，啊，凉爽多了！那湖水被风一吹，荡起层层波纹，一漾一漾地向远处散开。太阳把它漂亮而又温暖的光芒送给湖水，像是要表现自己美丽的身姿，把自己变得跟珍珠一般闪耀，笼罩在湖面上，湖水也似乎变得更绿更美了。啊，好一派迷人的景色！

这时，同学们都在欣赏美景，脸上又有了微笑。我感觉不太累了，轻松了许多。我们又前进了。在最后的几里路上，许多同学走不动，都掉队了，我也是其中的一个。我那时真不想走了，但我没有泄气，我知道真正磨炼和考验我们的时候到了。我硬拖着疼痛的脚走着、忍着，不知走了多久，终于赶上大部队，当时我开心地笑了。

二、友谊

晚上我住在刚刚认识的朋友王巧霞的家里。她家并不富裕，住的仍是窑洞。没吃饭前我和她谈了许多许多。她上初二，学习还可以，家离学校有十几里路，每天都骑车去。她的家里有奶奶、姑姑等人，一年四季都住窑洞，自家种粮食。我知道这些后，真为她的处境感到吃惊，生活如此艰苦，而她仍能努力学习，我这个城里娃真为此感动。第二天早上，她起得很早，吃过早饭，她便骑车送我去学校。她的耐力真好，不一会便把我送到了学校。我真心感激她。在我们分别的时候，她深深地拉着我的手说了声："再见。"她走了，不时回头望望我，摇摇手。我也同样摇摇手，听到她大声喊："再见！"我没有哭，只是默默望着她远去的身影，久久地站着。

三、最后的胜利

在返校的路上，我的脚又疼起来，疼得更厉害了。这路也跟我作对，天也不公，偏偏下起了雨，使路变得泥泞起来。脚疼再加上路滑，更不好走了。多亏有了朱丽媛和张巧霞的帮助，她们扶我一直走着。不知是雨水还是汗水，湿透了头发、衣服，从脸颊流下来。我望了望旁边的同学，再一次感到友谊的伟大。最后，我们坚持走到了学校。同学们在走进校门的那一刻，高兴地哭了。我的心里不知是兴奋还是喜悦，眼睛顿时也湿润了。

坚持就是胜利。对我来说，这不仅仅是走了 108 里路程，而是我人生的第一步。我想以后的人生路程中还会有艰难的路要走，但只要走出了这步，以后会走得更好。

摘自 1998 年初中预备班任山河之行作文专辑《雨中的歌》

青春之火为祖国燃烧

1998 级　固原二中初中预备班　胡鑫

　　血，烈士的血，还有什么比这更能激动每一个青年的心？英雄，战争中出生入死的英雄，还有谁能比他们更能赢得我们的热爱！

　　清明时节，我们踏着英雄的足迹，步行 108 里来到任山河烈士陵园，缅怀革命烈士，锻炼我们的志向，陶冶我们的情操！

　　这是一段布满艰辛的 108 里路，对于我们当代中学生来说，无疑是一种挑战，是意志与体力的磨炼。崎岖的山路要我们用平常只奔波于学校和家的脚来一步一步地走下来，该是需要多么大的勇气和毅力呀！难能可贵的是，那么远的山路硬是被我们这些温室中长大的一代，坚持走了下来。我们用自己的行动证明了我们意志的坚定和战胜困难的执着信念。站在烈士陵园，看着那掩映在青山翠柏之中的纪念碑，那一排排灰黄的土丘，那一块块冰冷的墓碑。我只觉得一股凛冽之气、一派壮烈之感、一脉博大之情，似有熊熊烈火炙烤着我的心、我的灵魂。

　　听！这是一个真实的故事。当战斗刚刚打响的时候，炮声轰轰，猛士们舍命向前冲。一个叫燕飞的战士腹部中弹，肠子都涌出来了，他用手把肠子塞进去，刚刚用皮带压住后，几颗子弹射进他的右臂。右臂断折失力，一个敌人扑过来了，他忍受着巨大伤痛冲上去用残缺的血肉之躯和敌人扭作一团。

猛然间，他抽出左手死命地揪住敌人的头发，用牙咬断了敌人的喉管。最终，他自己也因受伤过重，倒下了。仗打得非常艰苦，几百名战士英勇牺牲了。他们都倒向前进的方向，紧握着手中的武器，保持着冲锋的姿势……这，就是我们的战士，在如同我们一样绽放青春蓓蕾的时节，却用鲜血与生命为自己的人生画上一个句号。同时也为自己的祖国和我们今天的幸福生活冲开了重重阻碍，铺就了阳光之路。望着364座无声的坟墓，想着如我们一样年轻的生命陨落，那走完路程之后的骄傲与喜悦，已不再趾高气扬地存在于心间，回荡心中的是对烈士们的崇敬和对未来的信心！

当初，他们为了祖国浴血奋战，献身沙场，创造了无数可歌可泣的事迹，将个人的利益抛之脑后。今天，他们虽已离去，但我相信，对于我们这些依然年轻的生命而言，这次任山河之行绝不是仅仅来听几个悲壮的故事，洒几行激动的热泪，而是要继承先烈们的遗志，承担起民族之独立、祖国之腾飞的重任。让青春之火为祖国燃烧！

摘自1999年步行百里扫墓活动作文集《我不流泪》

蜕变的力量

1998 级　固原二中初中预备班　宽容

1999 年 4 月 4 日，晨光初露，固原二中初一年级的我们，在老师的带领下，踏上了前往任山河烈士陵园的征途。红旗飘扬，步伐整齐，军歌嘹亮，我们斗志昂扬地前进。

行进约 8 里，我们抵达峡口水库。阳光洒在波光粼粼的水面，如同翡翠般璀璨。然而，美景之下，路途却异常艰难：沙土、弯道、碎石、陡坡，每一步都是挑战。我的鞋子，从白变黄，见证了这段旅程的不易。

爬山，对我而言，是前所未有的考验。双腿颤抖，几乎不听使唤。然而，同学们的援手，让我重获力量。我看到，体力较好的同学搀扶着疲惫的同伴，男同学们主动承担起背包的重担。团结友爱，在这一刻，如同山间清新的空气，无处不在。

翻越黄崀山，我们终于踏上平坦的公路。我气喘吁吁，心跳如鼓，面颊发胀，几乎要放弃。但红军长征的壮举在我心中回响，英雄们风餐露宿，我怎能因一时的疲惫而退缩。我决心坚持到底。

头晕目眩中，戴小昕接过我的书包，搀扶我前行。同学们的关心和支持，让我感到无形的力量在支撑着我。一个人的力量或许微弱，但集体的力量，却能移山填海。

下午两点，我们抵达古城中学，疲惫中带着激动的泪水。我们不仅走完了全程，更在心灵上完成了一次重要的蜕变。我们不再是温室中的花朵，而是能够经受风雨的小树。这次经历，让我们懂得了坚持和团结的力量。

这不仅是一次身体的跋涉，更是心灵的远征。如今回想起来那段经历，我仍然心潮澎湃。我知道，那是人生中最重要的一堂课，它教会了我如何面对困难、如何坚持到底、如何成为一个更好的人。我相信，在未来的日子里，我会带着那份蜕变的力量继续前行，为实现自己的梦想而努力奋斗！

摘自 1999 年步行百里扫墓活动作文集《我不流泪》

路，属于有理想的人

——任山河之行随想

1999 级　固原二中初一（5）班　雍容

　　赤日炎炎似火烧，我们正走在去往任山河的道路上，我突然想起这样一句话："人的生命之船，是由生活目标的高大风帆支配的。人只有为一个伟大的目标而生活，才会在生命的岁月大海中乘风破浪，开辟出一条辉煌的航道！"多么深刻又易懂的哲理啊！是的，命运的航船一旦失去目标，怎能不在茫茫大海中颠簸、触礁呢？人只有树立崇高的理想，才能谱写出优美动人的乐章。理想，是人生的指路明灯。理想，是追求发出的火花，是人类对美好未来的希冀，是指导实干方向的磁针石。正如车尔尼雪夫斯基所言："人的活动如果没有理想的鼓舞，将会变得空虚和渺小。"古往今来，凡成大事者，不唯有超世之才，更必有坚韧不拔之志。"中国的保尔"——张海迪，高位截瘫，备受病痛煎熬，但为共产主义而奋斗、为人民作贡献的崇高理想鼓舞着她战胜逆境，使她的人生光辉璀璨。

　　巴斯德说过："立志、工作、成就是人生的三大要素，而立志是事业的大门。""愿相会于中华腾飞世界时。"这一远大志向对于周恩来后来为国为民鞠躬尽瘁无疑产生了很大影响。

"活着不能与草木同腐，不能醉生梦死，枉度人生，要有所作为。"方志敏烈士告诫我们，活着不能没有理想，应当有健康的理想，发自内心的理想，服务人民的理想，而人生最大的理想应是为人民谋幸福。高尔基说得好："一个人追求的目标越高，他的才力就发展得越快，对社会就越有益。"我确信这是一个真理。如果我们有着崇高美好的理想，就不会稍遇挫折就叹息彷徨，惆怅无限。"猛志逸四海，骞翮思远翥"，不为五斗米折腰的陶渊明能有如此高洁的志向，我们当代青少年应更胜一筹。

现在，我们走在崎岖的路上，一百零八，这个数字正在考验着我们，有了理想就会继续前进。

可也有人说："我也有过美好理想，但无法实现，为什么？"谢觉哉说："最好的不是在夕阳西下时幻想什么，而是在旭日初升时就投入工作。"要实现理想必然要付出代价。没有春耕，何来秋实，理想的实现是个艰难的心灵过程，对此，爱因斯坦深有体会，他说："从我自身痛苦的探索中，我了解前面有许多死胡同，要朝着理解真正有意义的事物迈出有把握的一步，即使是很小的一步，也是很艰巨的。"对于真理的执着，鼓舞着他迈向成功。这正是伟大人物最明显的标志：无论环境如何变换，他的初心和使命不会改变，最终克服障碍，达到自己的目的。

青少年是未来的希望，在这日新月异的崭新时代里，谁没有自己的理想和梦，谁不充盈着饱满的热情、勇气与生命力？没有什么能够掩盖年轻人的风采和气质，也没有什么能够阻挡我们年轻一代对于理想的追求。

作为跨世纪的青少年，我们肩负着继往开来的崇高历史使命。时代召唤着我们，改革期待着我们，我们应无愧于这光辉灿烂的时代。朋友，假如你错过了今日的太阳而流了泪，请不要再错过今夜的星辰，铭记雪莱的话："过去属于死神，未来属于自己。"坚定我们对理想执着的追求，投身于改革大潮中，当一名出色的时代弄潮儿。

相信吧！路，属于有理想的人；路，就在我们脚下延伸！

摘自 2000 年固原二中初一（5）班作文集《情系任山河》

假如再给我一次机会

2000级　固原二中初一（2）班　黑园梅

晚上，我躺在院子里的沙垫上，望着缀满繁星的夜空，我的心久久不能平静。"狗熊"二字一次又一次地在我的耳边回荡着。孤独无助的我在黑夜里默默地回味着。同学们都能用自己的两条腿，凭自己的坚强意志走完了一百零八里的山路，而我却……可惜这个世界上没有卖后悔药的。想到这里，冰凉的泪水不知不觉地从眼眶里涌了出来。

这一年的清明节对我们初一年级的同学来说是一个难忘的日子，对我来说更是一个难忘的日子。这一天，我和同学们要踏上徒步前往任山河为烈士扫墓的征途。我坚信自己能走下来，但结果却是令我终生难忘的遗憾。

在归途中，我掉队了。走了许久，我的胳膊麻木了，手冻红了，脚肿了，每走一步路，脚好像被针穿、火烫一般，连休息也得站着。如果此时此刻我坐下来，恐怕很难站起来。我痛苦万分，真想大哭一场，好在理智控制住了自己没有这样做，想回家的强烈愿望又使我行走了一段路。到了青石峡大坝时，我真想躺下来，等什么时候休息好了再回家。这时，学校的车来了，司机要我们坐车回去。我们没有坐，因为这正是考验我们的时刻。但是，在校长的开导下，也为了顾全大局，我们迫不得已地上了车。坐在车上虽舒服，可我心里一点也不踏实，因为下车后所面临的肯定是同学们的嘲笑和不屑的眼神。我知道自己失去了一次考验自己的机会。来到队伍中，看到同学们都在为自己的胜利归来而高呼着，我感到一阵悲伤与寂寞。我原本想向家长和老师们证明我并不是只会享受，不能吃苦的一代，而是一棵能够经得住风雨考验的小树，可是……唉！

假如再给我一次机会，我一定能成功，因为我从这次失败中悟出了一个道理：凡是成功的人，都是因为没有放弃最后的努力。

摘自 2001 年任山河文集《潇洒走一回》

那山，那水，那人

2001级　固原二中初一（4）班　毛欣

也许是烈士鲜血的浸染，也许是烈士墓碑的拱卫，在我心中，连那高而险的泰山也比不上任山河连绵的山地，连那波光粼粼的大海也比不上任山河潺潺不断的小溪，那满身名牌的"大款"更是比不上任山河大山般淳厚质朴的人民。

日头过半，在"土里土气"的大山的引导下，我们到达了烈士陵园。在阵阵哀乐中，我们感到了肃穆与忧伤，想起战士们英勇奋战的情景，突然感到自己有愧于父母，有愧于老师。

走出陵园，看见商贩们展示着并不新鲜的苹果、油亮的酿皮和两毛钱一根的雪糕。这里没有叫卖声，没有讨价还价的喧闹，没有钱多货少的担心，有的只是质朴与淳厚。

太阳当空，随着同学们优美动听的歌声，我们踏上返回的路。一路上，古朴的山村，坐落在蜿蜒的山路上。灰黑色的枝杈纵横交错间，淡黄色的尘土、石子显得格外相称。这时，这里的山山水水愈加显得古老、幽静。凝神静听，偶尔传出一两声优美的鸟叫声，仿佛在鸣奏一曲古老的歌谣。

夕阳西下，断断续续的小溪，静静地流着。小溪映着太阳的光，虽称不上金光闪闪，却独具风格。拥有鱼鳞一般光彩的小溪，伴随着眼前淡黄色的尘土，无拘无束地流着，那神情仿佛在诉说着一段动人的故事。

时间来到夜晚，月儿轻柔，星星伴舞，是那样的宁静，那样的幽深，我能感受到的只有幸福与温馨，我能奉献的只有对学业的追求，对烈士的崇拜，对那山，那水，那人深深的留恋。

摘自 2002 年任山河之行作文集《足迹》

百里路、百里情

2002级　固原二中初一（6）班　杨晓龙

任山河之行已圆满结束了，可以说那一幕幕感人的情形将会深深地印在每一个师生的心里。108里，不仅是对我们这些"小皇帝""小公主"毅力和决心的挑战，更是对集体的考验，对友谊的考验，最终我们胜利了，老师和同学们用自己的行动证明了一切。当家长为我们的凯旋喝彩时，我们却流泪了，这泪水包含了一切，不必说集体的力量大，也不必说团结的结晶好，单单是同学们互相搀扶着，一瘸一拐走路的场面就足以让你泪流满面。

最艰难的时刻来临了，疲劳和疼痛正逼近每一位同学和老师。渐渐地，大家有些支撑不住了。脚更疼了，腿更酸了，拖着沉重的步伐，我们艰难地行走着。忽然，一个同学抓住你的胳膊，用力使你走得轻松些，看看他，也一瘸一拐的。不知不觉中，队伍中便出现了三五成群的场面：你搀我，我扶你，大家互相勉励，尽量给对方一些力量，自己也坚强地走着。也许对方的那点点力量只足够使你走一步，但从内心深处散发出来的力量却是无穷的。当别人把手放在你的肩上，你的内心便会闪电雷鸣般地划出一道曲线，这也许就是精神的力量吧！正是这种无形的力量促使我们迈着艰难的步履前行。

当你觉得自己快要承受不住的时候，忽然有人抓住你的手，对着你微笑，你也笑了，一种比烧得正旺的火炉还热的暖流似一股浪涛流进你的心扉。你顿时不再软弱了，挺起胸，使足劲儿向前走，两只手紧紧地握着，似乎在传递着心声。倾听着心脏的跳动，所有的心似乎都变得透明了，发出五彩的光，互相照亮着对方；心脏的跳动是那么均匀，发出"呼呼"的声音，似乎连声波都在震动对方。是的，当老师握住你的手的时候，你很欣慰，顿时觉得有了精神支柱。两只手握得更紧了，似乎连手掌都在散发着力量，这难道不是师生间真挚的情感吗？

你哭了，眼泪似断了线的珠子流淌下来，忽然耳边响起一句暖人心脾的话语："坚持下去，好吗？"你仍然流着泪，但这泪水里却蕴含着深深的感动，正是这深深的感动使你加快脚步，让你坚持下来。

108里路，什么是真正的友谊？什么是感人的师生情？什么是集体的力量……这就是见证！那一份份真挚的情感，蕴藏在空气中，蕴藏在每一个细胞里，蕴藏在心脏的每一次跳动里。

行百里路，撒百里情。

摘自 2003 年《品味 108》

那年，你 14 岁

2004 级　固原市弘文中学七年级（7）班　张昊青

那年，你 14 岁

花朵一样的年龄

喜欢做梦的年龄

你那稚气的面庞

可否承载起苦难的表情

那年，你 14 岁

却早已熟悉战火硝烟的味道

来到任山河，你冲上去

怒目圆睁，把明晃晃的刺刀

刺入豺狼的喉咙

然而，你不幸被魔鬼的子弹射中

倒在血泊中

你听见吗，母亲那揪心的呼唤

你看见吗，父亲那沧桑的泪眼

流躺在这一方土地上

望着这一方天空

你是否在想

红旗飘飘的时候

那一张张幸福的笑脸

今年，我也 14 岁

可我常躺在母亲怀里撒娇

有时也会流泪

那是因为与朋友们闹别扭

今天，我站在你的墓碑前

心头一阵阵猛烈的震颤

看那碧水蓝天

小鸟在歌唱

而你的笑脸

如烟花般灿烂

春风送爽话远行

摘自 2005 年任山河文集《红色之旅》

走过 108

2005 级　固原市弘文中学七年级（6）班　苗乾

你好，任山河！再见，任山河！对于任山河，我并不陌生，因为在这个庄严而神圣的地方，深埋着 364 名革命烈士，曾几何时，他们在这片热土上抛头颅，洒热血，为了宁夏人民的幸福生活而战斗着，却无缘享受幸福生活带来的喜悦，仅仅相隔 50 多年啊！今天，我们这批热血少年，踏上了庄严的道路。

清晨，伴随着轻盈的步伐与和煦的春风，我们启程了，同学们个个精神抖擞，在一望无际的乡间小道上，不时传来嬉戏声。但事实并不乐观，走在崎岖坎坷的山路上，同学们都显得有些心有余而力不足，有的已经走不动了，有的同学体力严重不支。面对种种严峻的考验，同学们毫不退缩，渴了，拿出水润润嗓子，累了，稍歇一会儿，继续向前走，实在累得不行了，这个同学帮你背包，那个同学帮你拿东西。同学们面带微笑，这恐怕就是我们最快乐的时候吧。团结凝聚了同学们的心，拉近了同学间的距离。同学们由独自行走变为了群体合作，由沉默变为热情。正是 56 颗团结奋进的心，使得 54 公里的行程更有价值。

不远了，不远了，久违的目的地。望着同学们苍白的脸上露出的一丝笑容，望着伙伴们的热情相拥，我由衷地笑了。你好，任山河，我们来了。

在经过一个多小时的悼念活动后，我们开始了返回的行程。天空突然变得黯淡，却丝毫未影响同学们的斗志，随着夕阳西下，我们的行程渐渐缩短，同学们个个露出了久违的笑容。望着漫天繁星的夜空，我心中不由发出感叹，在这条平凡的道路上，曾几何时，有一批热血少年，走出了不平凡的道路。

这是百里壮行的关键时刻，也是最为艰难的时刻。

每个人的脚都肿了，很疼很疼，每走一步，就像有刀子在割，真想坐车，不，不能，那是失败之车，只有失败者才上此车。想想别人都能走下去，我为何不能？难道我们就这样甘拜下风？不，不行，为了自己，为了集体，我一定得坚持下去。

一道山，又一道山，山连着山，向后望去还是山，我们就像走进了山的迷宫，可谓是"断肠人在天涯。"此时，我多么渴望回家，渴望母亲那双温暖的手地抚摸。然而，在大山里，只有曲折的山路等着我去征服。

"红军不怕远征难，万水千山只等闲……"背诵着这首《七律·长征》，我坚强多了，脚也好像不疼了，二万五千里，一个天文数字，这都能从他们脚下走过，区区108里又算得了什么？

路一点点在我们的脚下向后退去，我们离可爱的二中越来越近。此刻，我知道我们已经胜利了。我们回到了学校，全部沉浸在胜利的喜悦之中，忘了脚疼，忘了疲倦，忘记了一路上的艰辛。我无法用语言来表达此时激动的心情，只有一种想哭的冲动。

站在学校的教学楼前，听着韩校长语重心长的讲话，我突然想起这样一个问题：人生之路何其漫长，明天的明天，又会有多少个108里在等待着我们呢？希望每一个108里，都可以带给我们一份不同的体验！

　　走过108里，胜利的微笑已是昨日的辉煌，今天的汗水即将结出努力的果实。对于明天，我们充满期待，因为108里给我留下的，不仅是汗水和累，苦和乐，更有一份深深的留恋和思考。希望明天——这个即将到来的今天，也能给我带来留恋和思考。

摘自 2006 年第 12 次任山河之行学生文集《非常之旅》

永不言败

2006 级　固原市弘文中学七年级（4）班　周泓钢

　　有一种目标，叫作成功；有一种追求，叫作胜利；有一种信念，叫作征服。不错，每个人的一生都会遇到无数的挫折、坎坷，经历无数的考验。108 里是对我们的检验，但只要我们对自己有信心，就能打败一切困难。我们可以用勇气战胜困难，用品质反驳困难，用信念征服困难。

　　早晨，伴着明亮的启明星，披着清晨温暖的霞光，我们班全体师生踏上百里壮行任山河的征程。对征程的向往让同学们变得异常兴奋，对烈士的敬重让同学们变得无比坚强，经历了一个早上的漫漫征程，我们终于来到了任山河。那高大雄伟的纪念碑和排列整齐的"烈士魂"，点燃了我心中的爱国豪情。我仿佛看到了战士们厮杀的惊心动魄，看到将军们主宰战争的英姿飒爽，看到共产党员一丝不苟、永不言败的精神……因为他们的努力家园才得以更加美丽，我们要向他们看齐。听着园长为我们讲述的一个又一个惊心动魄的英雄事迹，我仿佛看到了井冈山上的星星之火，看到了遵义城头的霞光，看到了延安窑洞里的灯光，看到了长征路上倒下的英魂……

　　在回家的路上，同学们带着永不言败的信念和无所畏惧的精神，走完了不同寻常的 108 里。此次百里壮行任山河，让我感受到了中华民族令人敬佩的灵魂、英雄烈士不畏艰险的精神和如今幸福生活的来之不易。痛苦的 108 里，难忘的 108 里，无悔的 108 里，这 108 里交织了太多、太多复杂的情感。这 108 里代表了我们的品质，代表了我们对烈士英灵的敬意，代表了我们永不放弃的精神。我们这一代人是最优秀的，我们不会输给任何人。

怀着乐观向上的精神，我学会了苦中作乐。夜幕已经降临，看着这样一群勤劳勇敢的少年，你难道不为之而感到惊奇？看着坚强的少年征服了可怕的 108 里，你难道不为之而感到惊讶？看着少年们如此的吃苦耐劳，你难道不为之而感到惊喜？看着少年们有着坚定的信念与刻苦的精神，你难道不为之而感到惊叹？

今日的汗水换来明日的成功，昨日的辛劳奠定今日的基础。拥有这样的下一代，中国就有了走向繁荣的实力，相信我们会给中国带来兴旺，正如一首歌中所唱的那样："永不言败，希望会在我们的头上冉冉升起。"

摘自 2007 年第 13 次任山河之行学生文集《追寻 感悟》

乍暖还寒时候

2007级　固原市弘文中学七年级（1）班　张磊

364块铁色的墓碑，上演了一段悲壮的历史。黄色的土地，掩埋着忠骨。高高的纪念碑，直指苍穹。红色的旗帜，让永恒的誓言，闪烁着耀眼的光辉。清风吹过，和平之鸽展翅飞翔，我仰望天空，虔诚地祷告着。

也曾不解，也曾犹豫。可是，当面对那高耸入云的丰碑，当凝视那朴素厚重的墓碑，所有浮华的语言都将缄默，所有俗世的纷争都要汗颜。深深地弯下腰去，弯下去，将无限敬仰融进这一次又一次的鞠躬。

沉默，抚摸那一块块冰冷的墓碑，那些饱含农家泥土气息的名字紧扣我的心扉。如花的年龄，你们可曾有梦？如诗的季节，你们可曾欢笑？伫立，想象那无名的墓碑。在炮火中，在硝烟里，历史没有来得及记录他们的名字，但是，连绵的群山见证过他们的英勇，亘古的土地听过他们的呐喊。

那黎明前升空的信号弹，那埋葬黑暗的厚土。

青山有幸埋忠骨！那年，你年纪尚小，稚气的脸庞，可否承载起苦难的表情？是什么让你小小年纪，就已熟记硝烟的味道。你来到任山河，怒目圆睁，把锋利的刺刀刺进豺狼的喉咙。然而，你不幸被魔鬼的子弹射中，倒在血泊中。你听见了吗？母亲那揪心的呼唤。你看见了吗？父亲那沧桑的双眼。躺在这一方土地上，望着这一方天空，你是否在想，红旗飘飘时那一张张灿烂的笑脸。站在你的墓前，心头一阵震动：乍暖还寒时候，碧水蓝天，鸟语声声，你的笑脸，灿烂如烟花。

摘自 2008 年第 14 次任山河之行文集《红色之旅》

我的红色之旅

2007 级　固原市弘文中学七年级（8）班　王玮

4月4日，又一个清明节，又一个缅怀先烈的日子。上午6点，我们怀着对革命烈士无比崇敬的心情去祭奠任山河革命烈士。一路上，同学们排着整齐的队伍，浩浩荡荡，唱着革命歌曲，经过6个小时的长途跋涉，终于到达目的地任山河烈士陵园。

面对着英雄的墓碑，我心情激动，思绪万千，肃然起敬。共和国的英雄们，你们的名字将与日月同辉，与江河共存！我们敬慕你们，无私奉献的英雄！正是因为有了你们的崇高、无私，才有了今天的和平环境，才有了祖国的繁荣昌盛。

我们都知道《水浒传》中有108将，个个武艺超群，胆识过人。如今，我们弘文中学的同学们也都有这样的胆识，决心走108里路去缅怀先烈，迈出我们人生的第一步。虽然同学们脚上都磨起了水疱，甚至是血疱，但我们没有退缩，靠我们坚定的信念坚持了下来。

也许有的人认为行108里是对学生的一种摧残，可谁知，弘文中学的这种做法，让我们感受到了当年红军长征时的艰辛，让我们体会到了今天美好生活的来之不易。感谢学校的安排，让我有机会接受一次深刻的思想教育，使心灵得到了彻底净化。我们是祖国的花朵，但不能做温室里的花朵，要经得起风吹雨打，脚上的几个血疱算不了什么，这正是我们走完108里路胜利的见证。

战争的年代造就了烈士们的勇敢与坚强，和平的环境为我们提供了学知识、长才能、成栋梁的机会。我们有信心，因为我们有榜样！

同学们，我们是时代的宠儿，我们应该懂得幸福生活来之不易，我们更应该懂得所肩负的历史责任和历史使命。我们要爱自己，更要爱祖国。我们要发扬艰苦奋斗的精神，勤奋学习，使自己成为一个有用之才。

今天，我们生活在幸福的社会主义社会，生活在繁荣、民主、富强的新中国。我们是幸运的一代，我们是幸福的一代。我们要珍惜这来之不易的幸福生活，继承革命先烈的遗志，做一个积极向上、身体健康、热爱生活、热爱祖国、情趣高尚的好少年。我们要从小养成良好的学习生活习惯，练就一身本领，长大后为祖国为人民贡献自己的所有力量，把祖国建设得更加富强，让中华民族傲然挺立于世界民族之林。

"红花无情笑东风，青山有幸埋忠骨。"革命先烈们，你们为人民的利益而死，你们的死重于泰山，你们与青山同在，你们与大地永存。你们永远是我们心中的一块丰碑。

我们要吃得苦中苦，接受磨炼，才能经得起时代的考验。我们要为自己争光，为父母争光，为弘文中学争光，为祖国争光。

摘自2008年第14次任山河之行文集《红色之旅》

她走在美的光环中

2009 级　固原市弘文中学八年级（7）班　柳大同

"耀目的白天只嫌光太强，她比那光亮柔和而幽暗；清幽的夜色又嫌光太弱，她比那月亮美丽而典雅。"

不是巾帼英雄，也谈不上女中豪杰，但在 108 里任山河之行中，她着实让我惊叹，一个女子竟然走完这艰难的路途。徒步走完全程的荣誉不只属于男儿。

108 里，她不仅用双腿走了下来，更是用执着的灵魂征服了我。我明白她是要用事实证明女性坚强的一面，用行动展现迷人的风采。一路上，她在谈笑声中自我勉励；一路上，她没有哭泣，没有依赖；一路上，她满怀信心快步向前……

看着她低着头，慢慢地走时，我明白坚强的背后也有脆弱。我们都一样，都没走过那么远的路；我们都一样，那个时候都想家，但我们都选择把短暂的痛苦压在心底。因为我们都一样的执着，一样的坚强。

看到她再次抬起头快步向前时，我知道她不会服输，因为我相信她会独自走完这 108 里；我知道她会坚持下来，因为她血管中的血是沸腾的；我知道她不会停下，因为追梦的脚步永远不会停歇。

听到她喊出那一声"妈妈"时，又有谁不为之动容？黑夜与痛苦为她创作出了最美的曲调，她用最完美的嗓音唱出了最妙的歌词。在这喧闹的夜晚，我听到了最动人的音乐。

听出她语调中的那份快意时，我感受到了一股伟大的力量，这股力量充满了欢乐，汇聚了满足，又夹杂着酸楚，这股力量似乎要冲上云霄，盖过月亮的光辉，我想她做到了，至少我感受到了。

不要说"不可能"，信念的力量无法衡量；不能说"我不行"，坚持的力量无从得知；不许说"他不如"，尊严的力量高于一切。那鲜艳的面颊如此动人又如此深刻。那迷人的微笑，那清脆的嗓音，都在证明她是一个永不放弃的人。

她的美无法超越，增加或减少一分明与暗都会损伤这难言的美。美涌动在她乌黑的发上，淡淡的光辉散布在那脸庞上，恬静的思绪指明它的来处，纯洁而珍贵……

摘自 2010 年弘文中学第 15 次任山河之行师生作品集《成长的足迹》

那条路，流动着人生的旋律

2010 级　固原市弘文中学七年级（4）班　仇瑾

人生的道路上布满荆棘与大大小小的石块，一步一步地走过来，痛苦与疲惫使你麻木，到达终点之后，回头望去，那条道路上洒满了你的泪水、汗水与鲜血，它们都清楚地记录着你一路走来的点点滴滴……

2011 年 4 月 4 日徒步百里任山河那天，将是我们永生都无法忘记的一天。激动、伤心、疲惫、感动……通红的眼眶，迟缓的步履……12 个春秋以来我第一次如此思绪万千，拥有这样不一般的感受。

在途中，当你想要放弃时，总会有一只温暖的手将你扶住。"朋友一生一起走，那些日子不再有，一句话，一辈子……"陆续唱响的歌声，让平日同学之间的小矛盾烟消云散，让 60 双清澈的眼睛闪烁着泪光，让 60 颗心紧紧连接在一起。我相信，在未来的某一刻，在你独自一人伤心寂寞时，世界的某一个角落，总会有一些人，关心你，支持你，他们会点亮你心中熄灭的烛光，将你从沼泽中拉起，手牵手继续走向前方……

当你被脚下的石块垫得生疼，行走在漫长路途中，双腿酸痛不已，耳边却传来"青春飞扬，永创辉煌，团结拼搏，四班最棒"的口号声时，你会鼻头一阵酸楚，也轻轻地说出来："是啊！这个班级，是要共同扶持走过三个春夏秋冬的另一个'家'。"在这个时候，正是这个"家"，给予了我们勇气与力量。

回程中，望着远方曲折环绕的山路，蓄在眼中已久、滚烫的泪水被风吹落，但眼泪冲不去疲惫，只会淹没我们的信心。此刻如果放弃，将来一定后悔一生，人生那么漫长而艰难，未来哪里会有"车"来让我们坐？

即将到达学校时，路灯已经亮了，洒下了柔和明亮的光线，给每个人投下了淡淡的斜影，鞋底在与路面摩擦，发出窸窸窣窣的声响，而同学们紧紧牵着的手，则是友谊的花絮。默默地倾谈，是精神的支柱，伤痛的弥合……

徒步百里任山河活动，不仅是一次对我们的磨炼，更是一次对心灵的洗涤。这次活动，教会我们相信善良的永恒，相信友谊的可贵，相信集体力量的伟大。

我们每个人，都在时间的长河中显得渺小、平凡，但就是这样的我们，却有过徒步百里任山河的经历，如同平静的生活中忽然插进了一段起伏的剧情。这段剧情，对于人生是迭起的台阶，对于时间是流动的旋律，对于情感是终生的慨叹。

2011年4月4日，我学会了在挫折中进取，在艰难中奋起。这样的一天，我懂得了情感的纯真，领悟了人生的真谛。这样的一天，将会成为我脑海中永久的记忆，人生中永恒存在的一天。

人生路漫漫，要走过多少春秋，要经历多少风雨。而在那次徒步百里任山河之后，我们将会在人生这条路上走得更加勇敢，更加坚强。

摘自2011年弘文中学第17次任山河之行文集《红色之旅》

红旗飘飘，伴我走过一程又一程

2011级　固原市弘文中学七年级（5）班　马敏

"我们来了，先辈们，我们来看你们啦！"

迎着清晨的第一缕阳光，我们初一年级全体师生踏上了去任山河烈士陵园扫墓的征途。

红旗飘飘，带来信心

我们踌躇满志，微笑着前进；我们勇敢坚强，战胜黑暗！出城了，清爽的风吹拂着我们。我们是一支不可战胜的队伍，应该让自信盈满我们的胸怀，勇往直前。于是，我们振作了起来，唱起了嘹亮的歌儿，歌声在大山中久久回荡。不经意间我抬头，看见鲜艳的班旗在晨曦中招展，与大风交战，与困难对峙。这一切都预示着我们一定会以惊人的勇气和力量战胜困难，持之以恒，微笑着走下去！

红旗飘飘，带来友谊

"大家快过来！我带来好多好吃的！""哎，新鲜的泡菜不要钱！""谁吃火腿肠？"在休息时，大家你一言我一语地都开始吃喝了，都希望把自己带的食物给同学们分享一些。瞧！马小燕和张硕给张老师塞了好多东西，张老师怀里抱着饼干，嘴里吃着粽子，不住地点头让大家别再给她了。"我们班同学就是不一般，积极、团结、奋进……"我想。鲜红的班旗还在呼啦呼啦地被风吹响着，我想它见证了我们这一值得回忆的画面吧。

红旗飘飘，带来缅怀

我们终于到了目的地。这儿肃静极了，两排大松树夹道欢迎我们，在道路尽头的中央矗立着一座高 19.49 米的纪念碑，是为了纪念 1949 年发生在这里的一场战斗。上面刻着遒劲有力的八个大字"革命烈士永垂不朽"。两旁是 364 座为解放宁夏的第一战中英勇牺牲的烈士的墓碑。我们肃立在墓碑前，用一分钟默哀。这时全场肃静极了，我望着黑色的大理石墓碑，又想到了红军战士们，他们在战场上抛头颅洒热血，用他们的血肉之躯换来了我们今天的幸福生活！

风大了起来，班旗又呼啦啦地飘了起来，它似乎向我们喊道："同学们，我们今天的幸福生活来之不易，我们应当珍惜今天的美好生活！"我又抬起头，一种心酸一种激动涌上心头。

红旗飘飘，带来团结

来时同学们已经耗费了大量的体力，返回的路似乎更长，刚开始我有一种走不回去的感觉，同学们也都有些坚持不住了！我班的刘斌和杨永强一直在队伍里穿梭着，争着抢着给身体弱的同学背包，他们鼓励大家："一定要坚持住，不能放弃，只要没有倒下就绝不坐车回去，比起红军万里长征，我们走这点路算得了什么！"有了他们的鼓励和帮助，同学们似乎精神了许多，男生搀扶着同排走不动的女生，精力好一点的男生帮体弱的女生背包，大家你帮我我帮你，相互鼓励着……

就这样一路返回，我们的精力几乎耗尽了，浑身没一点力气，有放弃的念头，但只要抬起头看见鲜红的班旗依旧迎着大风飘着，我们就有一股向前冲的劲。是红旗鼓励我们走了下来，我们离学校越来越近。红旗飘飘带来胜利。

"加油！鼓起劲儿来，我们快到了！"班长一直提醒着大家。远处胜利的灯光是为我们而亮的！我们回来了！我们徒步108里回来了！

进城了，终于回到学校了，迎接的家长很多，他们热烈地为我们鼓掌，我们好感动！我们想坚强不流泪，但眼泪已经止不住地涌出眼眶，这是自豪的眼泪，我们为自己的勇敢和坚强而自豪！

我们相互搀扶着走进了校门，集合完毕后听任校长讲话，他说："同学们顺利完成了这次徒步108里任山河烈士陵园扫墓活动，历时16个小时，同学们很坚强，同学们走过的不是路，而是一种精神……"听到这里，我突然感到振奋，不经意间抬头，鲜红的班旗依旧在半空中呼啦呼啦地飘着，它是一种力量、一种精神，永远指引我去拼搏、去奋斗！

所有的伤痛，总会留下一丝希望的线条。所有的遗憾，总会留下一处完美的角落。

当我们踏上征途，我快要放弃的时候，却在那"冰封的深海"中找到了"希望的缺口"。脚上的痛楚使我在"午夜"惊醒，蓦然间瞥见那绝美的"月光"。

摘自2012年弘文中学第18次任山河之行师生作品集《成长的足迹》

永垂不朽的"弘"军

2011级　固原市弘文中学七年级（8）班　畅亚博

听，战争的号角再一次吹响，那山摇地动般的脚步声也将重新踏响。

——题记

序

人生有很多个108里，而这次的108里却深深铭刻在我的心上，因为，我学会并懂得了很多。

我们不差

"孩儿是家长的掌上宝。"这句话精确地概括了我们95后的现状。众所周知，中国孩子在夏令营中的惨败就印证了这一说法。但是，18年的风雨兼程将会洗刷这一事实。而我们，就是为95后证明的主力军，我们不差。

说到做到

言必行，行必果。我们在回执单上签下的不仅是名字，更是一种责任，一份承诺。面对即将来临的挑战，我们没有一个人畏缩。踏上征途的前天晚上，我辗转难眠，内心有一丝激动，一丝期盼，更多的是告诉自己要说到做到。

爱，无界

回程的路比去时更漫长，启程时的激情也不复存在，取而代之的是钻心的疼痛和放弃的念头，就在我无力向前的时候，突然有一股力量支撑起我，我一回头，是张建。他的嘴唇已经干裂，但还是憨实地对我笑着。我环顾四周，同学们已是三五成群地互相搀扶着，并相互呐喊助威。顿时，我的内心涌出一股暖流。此刻同学们之间没有任何的隔阂，有的，只是那份高于友情，胜似亲情的感情。

我感觉到——爱，无界。

重走红军路

"弘"军走红军，红军教"弘"军。永垂不朽的光辉精神，将要在我们身上传承。

摘自 2012 年弘文中学第 18 次任山河之行师生作品集《成长的足迹》

十指相扣，团结的力量

2012级　固原市弘文中学七年级（3）班　吴泾岚

在返回的途中，大家一个个筋疲力尽，年少轻狂的我们本以为108里来去如风，现在才知道没那么简单，真是"来时容易去时难"啊！我跟着班级的旗帜走在路上，来时的那股兴奋和激动早已烟消云散，剩下的只有无限的期盼，期盼早点到达令人神往的休息地，期盼早点到达可亲的校园，期盼早点到达温馨的家。

炙热的太阳无情地灼烤着这片黄土地，伴着无数双脚踏起的灰尘显得更加燥热，我们的双腿像灌了铅似的沉重无比，每走一步，都像被刀子扎。豆大的汗珠落下来，滴在石子路上。望着那似乎永远走不完的路，我想哭，想坐车，想放弃……可我知道，我不能哭，我不能坐车，我要坚强！全班同学都在走，难道因我一人拖班级的后腿吗？我努力地迈动双腿，可双腿却不听使唤，迈不动一步。我埋怨着学校、老师，后悔自己逞强要走，为什么没有找个不去的理由。我胡思乱想着，行走在崩溃的边缘。就在我快要倒下的时候，一只手拉起了我的手，十指之间，充满了温暖，倾注了力量，是好朋友杨笛。低头看着十指相扣的两只手，我有了走下去的信念……

这种信念是十指融合产生的力量所给予的。十指相扣，结成一条团结与友情的花环。仿佛在绝望与黑暗中看到一个闪动的小光点，虽然渺小甚至有些微不足道，但足以让我鼓起勇气走下去！就这样，我们互相搀扶、鼓励，还作了一首打油诗来放松心情："清明时节太阳炎，路上行人脚欲断。借问终点有多远？老师遥指在前面。"太阳渐渐西沉，我们一起攻克了一个又一个山坡，跨过了一道又一道沟坎。终于，我们胜利了！

我知道，如果没有那只手，没有班级，我是无论如何也走不下来的，十指相扣，那就是团结的力量！

摘自 2013 年弘文中学第 19 次任山河之行师生作品集《成长的足迹》

信　念

2012级　固原市弘文中学七年级（8）班　李芹

在山的那边是海吗？

是的！人们啊请相信，

在不停地翻过无数座山后，

你终会攀上这样一座山，

而这座山的后面就是海，

是一个全新的世界，

在一瞬间照亮你的眼睛！

盼望着，盼望着，清明节终于到了。一个月前我们就已经为"徒步任山河扫墓"作着准备。那些英烈的精神实在让我们感动，徒步走完108里的壮举实在让人神往。要知道，长这么大，我还是第一次徒步任山河。

早晨5时许，我们就行进在路途中。街灯是那么的明亮，似乎在为我们行注目礼。我们意气风发，豪情万丈。在山城之巅，太阳美如玉盘。

她冉冉升起，颜色由血红变为橘红。这壮美的日出正和我们的豪情相映衬，为我们一路壮行。

我们被欣喜和激动催促着，一路欢歌。一道道岭，一座座山扑向我们，而后又目送我们。54公里行程，不经意间被我们亲身度量。

烈士陵园肃穆、庄严，镌刻着"革命烈士永垂不朽"的巨大的纪念碑，让人的心灵在此刻间升华，敬仰之情油然而生。364位英烈，正如364颗星，照亮我们前行的路，使我们不会迷失方向！"大爱无言"，我片刻间理解了这四字真言。面向墓碑，静心，立正，深深地向英烈们鞠躬，献上我们最崇高的敬意！

短暂的休整后，我们踏上了归程。老师说，来时靠体力，回时靠毅力。当时我们并没有真正理解这句话的意思，而后的经历，让我们亲历了一次精神和体力的双重洗礼。起初返程的10多里路，虽说艰辛但还能应付，而后的艰辛那真的是生理极限的考验：太阳像个火球炙烤着我们，我们汗流浃背，气喘吁吁；水没有了，嗓子直冒烟；腿像灌了铅似的。更要命的是脚上的水疱变成了血疱！那真是举步维艰！同学们有的一瘸一拐，有的拄着树枝，艰难步行。特别是我，来时的激情已变成此时的泪水。背上的书包越来越重，每挪一步，双脚就像是在刀尖上独舞，要是妈妈在，真想放声大哭……

"把握生命里的每一次感动……不经历风雨，怎么见彩虹，没有人能随随便便成功。"是啊，不经历磨难，怎么能成功！那些烈士在注视着我们！这点苦我们难道不能面对吗？我们互相搀扶，互相鼓励，继续前行。前方的路变得越来越短，越来越近；后边的山岭变得越来越小，越来越远……

晚上7点30分，我们终于胜利回到母校！

泪水再一次溢满我的眼眶，我再一次坚定地对自己说："在山的那边，是海，是用信念凝成的海！"

摘自2013年弘文中学第19次任山河之行师生作品集《成长的足迹》

伫立在烈士墓碑前

2013级　固原市弘文中学七年级（1）班　贾成斌

青山有幸埋忠骨

伫立在墓碑前，看着"烈士之墓"四个字，我的心里受到极大的震动。曾经有那么一些人，为了宁夏的解放牺牲在此，当人们来纪念他们时，却无从知道他们的姓名。我面前，就埋着这样一个人，他把生命无悔地奉献给了这片土地，最终获得"烈士"的称号。这两个字，使深色的墓碑发出耀眼的光芒。我想，这个伟大的灵魂应该用哪些词语来形容？思来想去，最终还是定在"烈士"两个字上。也许，只有这两个字才可以最恰当的赞美他们，其他字词与之相比都显得黯淡无光。烈士是他的身份，也是对他人格的最高评价。当眼前的这片热土收下这具躯体之后，心里应该是欣慰的。

他们死了，但还活着

烈士离开了亲人，离开了战友，但他们让我们懂得的、给予我们的，定会流芳百世。当年，他们为了人民的解放，毫不畏惧地献出自己的生命。他们用血肉之躯，筑成了一个炮弹也打不穿的城堡。城内，生活着我们现在这些中华儿女。先烈们的爱国精神已被无数人传承，并播下种子。如今，我们心中已经长出了一棵名叫"祖国"的大树，心底一直在发出呐喊："保卫大树，建设大树！"喊得那样真切，那样彻底。现在，我们有了一个新的任务，永不丢弃这颗装有大树的心，携手共进，迎接美好的未来！

我们对烈士们可以用臧克家赞美鲁迅先生的诗句来赞美："有的人死了，他还活着。"

摘自 2014 年弘文中学第 20 次任山河之行师生作品集《红色之旅》

108 里的红色之旅，
百折不挠的革命精神

2014 级　固原市弘文中学七年级（4）班　殷思琪

　　面对人生，我选择了弘文，面对弘文，我又坚毅地选择了 108 里的红色之旅。又是一个四月，又是一年清明，又是一个缅怀革命先烈的日子，我们弘文学子一如既往地迎来了任山河的红色之旅。20 年来，无论是烈日暴晒，还是阴雨连绵，每至清明，这支年轻的队伍都会踏上这条路，去追寻、感悟、磨炼……

　　夜将尽未尽，透彻的黑色将这个沉睡的小城吞噬，深邃的天空中零零散散地挂着几颗星星，和往常一样的寂静，唯有弘文灯火通明。这一天对于每一个弘文人来说，是与众不同的。天刚蒙蒙亮，我们这一届弘文学子就已经背起了行囊，满怀激动，高歌着出发了。

　　一路坎坷，一路风景，耳边的风呼呼地刮着，黄峁山上的羊肠小道布满了荆棘，脚下的石块肆意地露出狰狞的面目，但无法阻挡我们前进的脚步，更无法泯灭我们执着的信念。

　　漫漫旅程在同学们的一个又一个脚印下延伸着，一路风景，高举的旗帜成了我们前进的动力。我们忍受着疼痛，搀扶着向前，追着不寻常的梦；聆听着告慰，体味着温暖，收获不寻常的感受。

烈士陵园那块醒目的革命烈士纪念碑已经遥遥在望了，在我们快马加鞭行走 6 小时后终于抵达了任山河烈士陵园。

祭奠活动在庄严神圣的氛围中进行着。当哀乐响起，全体同学默哀时，每个人的脸上都比平日多出了一份沉稳和凝重。站在 364 块墓碑前，每个同学都是同样的感动。我想到了当年革命进行到最艰苦的时期，红军爬雪山，过草地，走完了二万五千里险路；想到了革命先烈们为了民族独立和民族尊严献出了宝贵的生命，为了彻底埋葬旧世界，建立社会主义新中国而前赴后继，浴血奋战，抛头颅，洒热血；想到了在和平建设时期，为了祖国的繁荣富强而献出青春和热血的人们。在中华民族面临生死存亡的危急时刻，先烈们，是你们，用自己的血肉之躯筑成了一道坚不可摧的万里长城，与帝国主义侵略者进行着殊死搏斗；是你们把对国家、对劳苦大众的爱，化作战斗中同敌人拼杀的精神力量，不怕牺牲，勇往直前，以摧枯拉朽之势，建立了人民当家作主的新中国。

战争年代造就了烈士们的勇敢与坚强，和平美好的环境为我们提供了学知识、长才能、成栋梁的机会。面对你们，我们怎么能不肃然起敬！这 108 里，让我们记住了曾经的屈辱与腐朽，不为报仇，只为提醒，只为今日的强盛与繁荣！

响亮的歌声已经消失，取而代之的是比歌声更振奋人心的鼓励与问候，整齐的队伍也已经不在了，代替它的是一个个互相搀扶的身影。同学们都已经超越了自己，虽然双脚已经麻木，双腿也很酸痛，但他们没有抱怨。随行的校车跟上来，却没有一位同学愿意去坐，因为他们觉得坐了车就无法成为真正的英雄。

　　走一步，再走一步，马上就到了，我们互相鼓励着，口号也越来越响亮，虽然每个人都已经疲惫不堪。当我看见一片雾色茫茫中若隐若现的城市，还有那微弱的灯光，鲜艳的条幅，赞许的目光，不禁潸然泪下。这一天，我们走过 108 里，收获的不只是集体的力量、可贵的友谊，还有先烈们永垂不朽的精神。

　　我们要铭记中华民族任人欺辱、任人蹂躏、任人践踏的血泪史，要铭记中华民族的猛然觉醒与艰苦卓绝的奋斗，要铭记着在风雨中，在烈焰中，在炮火声声中，在枪林弹雨中，高高飘扬的五星红旗。我们是时代的幸运儿，更应该懂得幸福生活来之不易。让我们继承先烈遗志，为建设繁荣富强的祖国而努力学习，共创美好的明天！

　　　　摘自 2015 年弘文中学第 21 次任山河之行师生作品集《红色之旅》

脚 = 尺

2015 级　固原市弘文中学七年级（1）班　杨润玉

用脚步去丈量 108 里山路，在脚与尺的角色扮演中，任山河，教会了我怎样去坚强……

直尺

凌晨 5 点多钟，我们的步伐轻盈而坚定，挺拔地向前迈进，去丈量青石峡的长度。一开始，大家有说有笑，丝毫不畏路程的艰辛。

只见一男生拉住另一位仁兄，再三恳求该仁兄借 MP3 与之，还一边学着女孩子撒娇，故作可爱状地眨着因兴奋一夜未睡而布满血丝的熊猫眼，引周围同学捧腹大笑。至黄峁山下，大家仍不觉疲惫。

卷尺

山，上去的时候，我们的体力已消耗大半。此刻脚丫成了卷尺，一拉一动，不拉不动。至黄峁山山顶，"卷尺"便龟缩进壳，大有再不出来，一坐不起的势头。

太阳已完全升起，多数同学趁休息之空，拿出各种零食，大嚼特嚼。A同学拿出一个面包，三两下撕开包装后，一口咬上去，也不见牙齿有什么动作，喉咙就已上下起伏。另一边的B同学，手中完美的动作，将一片薯片扔进嘴里，咔咔！用牙咬住，像松鼠吃东西时一样颤动的腮帮，将她的馋猫本性出卖到底。

休息结束后，"卷尺"被年级主任拉出一大截，按上卡扣，欲退不能，大部队的长龙，计算着到任山河烈士陵园的距离。

软尺

到陵园后，大家脚底发软。你见过软尺吗？它质地柔软，百折不断，虽软绵绵的无太多力气，却坚韧。

两个要好的同学，你搀着我，我搀着你，MP3的耳机一人一个，放松的旋律，支持着他们走过陵园至黄岽山路段。

大家翻越一座又一座山头，4个小时后，行至黄岽山山顶。脚上的疼痛，脚底的水疱，无不向这把已磨得凹凸不平的软尺挑战。

终没有断掉！

模糊的刻度，硬是测量了这段路。

钢尺

冰冷的金属光泽，难以弯折的脊梁。

最后一段路，触地的尘埃，都是弘文人108里征程的脊梁！

每一次触地，都带起金属的铿锵；与大地碰触的颤音，将是凯旋的战歌！回校的烟花，钢尺上映出的五彩流光，庄严而又肃穆。

每一步丈量，让我们忘了伤痛，眼眶里打转着的泪花，为我弘文学子铺上绚丽的光华！

尾声

108 里，不变的信念。铭记脚上的疼痛，铭记烈士们抛头颅、洒热血的悲壮，永远记住任山河之行教给我们的坚毅、刚强！

用脚丈量的 108 里，是作为一名弘文学子，人生中最辉煌的一段历程！

摘自 2016 年《红色之旅文集》

感谢你，给我爱

2016级　固原市弘文中学七年级（3）班　陈雪

"百里壮行任山河"的征途中充满了坎坷困难。

亲爱的"战友"，感谢你，给我爱。当我口干舌燥时，你递给我一瓶温热的水；当我扭伤了脚时，你过来扶我继续前进；当我信念动摇时，你鼓励我继续坚持。是你，给了我莫大的帮助；是你，给予了我十足的信心；是你，使我不再孤单。我们是"战友"，永远的"战友"！

亲爱的老师，感谢您，给我爱。我永远无法忘记，那是在归途中，我扭伤了脚，我似乎无法使出一点儿力气，连一步都迈不出。这时，一只温暖而有力的手挽起了我的手臂。我抬头一看，您的脸庞映入我的眼帘。您的脸上，写满了关怀、担忧和焦虑。诚挚的爱，细心的关怀，让我倍感温暖。一路上，您一直忙前忙后，仿佛一位慈父在为孩子们奔波。我们是师生，永远的师生！亲爱的家长，感谢您，给我爱。一路上，您一直陪伴我们前进。陵园中，温热的米饭，喷香的炒菜，烫口的紫菜汤，干净的水果，都是您为我们精心准备的。进城后，"欢迎七（3）班同学凯旋"的横幅在您的双手中"凌空出世"。校门前，震耳欲聋的绚丽烟花带着您的赞叹与热情直冲云霄。我们是亲人，永远的亲人！

亲爱的大自然，感谢你，给我爱。仰望蓝天，俯瞰大地，清晨的露珠，傍晚的红霞。这一路上，我们穿过黑刺丛，跨过黄土包，还目睹了碧水连天的青石峡水库，穿越在层层山峰中，耳畔还常有清脆的鸟鸣。归途中，我们更是有了同行者——一群小蜜蜂，它们在我们的"行军队伍"中飞来飞去，似在为我们保驾护航。我们是朋友，永远的朋友！

小溪在流向大海的时候，要经过无数艰难险阻；小苗在长成参天大树的时候，要历经无数风雨；雄鹰在展翅高飞的时候，要经历无数磨砺。在108里的征途中，有你们的爱伴我同行，一切困难，一切挫折，一切疲惫，都变成了磨刀石。

感谢你，给我爱！

摘自2017年《红色之旅文集》

手牵手，一直走

2016级　固原市弘文中学七年级（3）班　慕言

因为你的手，我不肯停留。

——题记

人生向我们伸出多少次手？儿时扶我们蹒跚学步的母亲的手，一起漫步在街头的朋友的手……

我，因为你们的手不肯停留。下午再也没有清晨的微风徐徐了，似火的骄阳，灼热地烘烤着大地。

我们结束了任山河扫墓活动，踏上回归的征程。我们不再像早晨那样活力四射，而是垂着早已肿成馒头的手，配合着酸痛的脚，机械地摇摆着；我们不再像早晨那样一路欢声笑语，而是紧紧闭住了嘴巴，生怕吐出一丝气息就会耗费体力。路真远啊！我们这条长龙似的队伍仿佛掉进了鸿沟，永远走不到尽头！

渐渐地，我从队伍的上游落到了下游。我感觉自己的身体仿佛不听使唤了，双腿瘫软得似乎只要一停下来就会倒下去。一条又一条山路，毫不留情地蹂躏着我们。此时，一块儿凸起的小石子都是碍眼的。

正在我绝望之时，我的手上增添了一些温度，转头一看，竟是我们的组长朱雅琦！只见她的额头上布满了汗珠，脸上却始终保持着笑容，紧紧地握住了我的手。"一步，两步，三步……"我们俩数着步数，不愿抬头。因为一抬头便是一条条干涸的沟和一座座黄土山，仿佛看不到希望。

路还远，我们艰难地忍受着太阳对我们的烘烤，越走越慢，一旁的老师，抬起有点肿的手，摸了一下我们的头，笑着说："加油！"我们张开干裂的嘴巴，大声唱道："团结就是力量，团结就是力量，这力量是铁，这力量是钢……"

下午5时10分，几经波折，我们终于翻过了黄峁山，看到了村子那头的固原城。我觉得固原城是那么可爱，那么可亲！我的故乡啊，我们马上就要躺进你的怀抱了！

转过一道又一道弯，踩过一处又一处山路，我们终于走出了小村庄，踏上了属于故乡的路。突然，一阵鞭炮声从我耳边传来，一时间，路人的鼓掌声、赞叹声、加油声，响彻固原城。

可是，我的身体太疲惫，体力直线下降，似乎站立不稳了，于是我不由自主地拉住了一直在我身旁的爸爸的手。爸爸也是40多岁的人了，今天这108里的山路已超出了他身体的承受能力。然而，他还是毫不犹豫地用自己的胳膊给我助力，我感觉他的手在颤抖，但表情还是那么坚定。渐渐地，我似乎忘记了难受，步子越迈越大，头越抬越高。看到不远处的横幅才知道，我们终于胜利了！

2017年4月1日，在我们的成长中写下了重重的一笔。108里，是磨砺，是挑战？我说不清。但我知道，是父亲的手、老师的手、同学的手给了我战胜困难的力量，暖暖的，到永远。

摘自2017年《红色之旅文集》

月亮的征途

2017 级　固原市弘文中学七年级（10）班　吕燕

天还未亮，我们就出发了，皎洁的月亮还在墨黑的天空中挂着。我穿着一双崭新的球鞋，戴着一顶橘黄色的班帽，穿着一身干净的校服，背着一个黑色的书包，充满信心向着任山河进发。

108 里的任山河之路，遥远而漫长。随行的队伍像一条长龙，整齐而有序。我们要学习革命先烈永垂不朽的精神，传承与发扬这种精神。

蜿蜒的山路连绵不断，四周的大山，个个都铁青着脸，给我的勇气画了一个叹号。路上的石头像坚韧的刀子，踩上去的每一脚都非常的疼，山路的两旁都是杂草，不时有黄沙吹过，让人"东倒西歪"。但是，为了传承先烈不屈的精神，我们奋勇向前，不畏艰难险阻。

第一次休息的时候，太阳还没有露面，月亮在空中若有若无。走进山里，路上的石头越来越多，同学们的体力越来越不支。很快，有的苦苦呻吟，有的叫苦连天，可是谁都不坐"狗熊车"，我边拉着旁边同学的胳膊边大步流星地走，想着："快到了，快到了。"但这个念头很快就打消了，因为脚的疼痛告诉自己，路还有很远。遥远的路好像与我作对似的越走越长，好似永远都走不完。

近了，近了，经过 5 个小时的长途跋涉，刻着"革命烈士永垂不朽"的纪念碑屹立在我眼前。我们步行前来纪念烈士应该是最真诚的方式吧！翻山越岭，感受他们的感受。革命先烈们埋葬于青山，没有看到新中国成立的时刻，看不到现在中国的繁荣富强，为了新中国，他们付出了生命，真是"青山有幸埋忠骨，何须马革裹尸还"啊！

休息片刻，我们就要回去了，108 里的山路，这应该是我们第一次走这么远吧！脚越来越疼，回去的路全靠毅力支撑。站在路边的同学越来越多，我的脚已经被鞋磨了好多个血疱，走起路来就像刀子扎心般疼。

无可奈何，我上了所谓的"狗熊车"，坐在车上真舒服，柔软的皮垫使屁股有了幸福的归宿，可是心却一直在颤动。刚坐上车的那一刻，我本想下去，与同学们并肩作战，可是疼痛最终打败了毅力，让我做了货真价实的"狗熊"。当我拿起班帽看到"卓毅"两个字时，晶莹的泪珠从眼眶中掉了下来。上车的那一刻，耻辱感填满了我的心。我完全忘记了"卓毅"的含义，心里想的只是脚上的疼。

到了山下，看到老师，见识到了真正的英雄们，我的头瞬间低了下去，真想找个洞爬进去。我躲在老师的后边看向他们，看向真正的英雄。在队伍的后边，我一直低着头，家长们为我们鼓掌时，我的心如刀割般疼。

天色渐暗，一轮残月挂在天空上，仿佛在嘲笑我的临阵脱逃。我的泪不由自主地落下，怎么擦也擦不完。

这一天的路会永远印在我的记忆中，因为每一段路都是自己体会过的。这一天的开始与结束只有月亮知道，也只有月亮能够看明白我的"心"。

摘自 2018 年《红色之旅文集》

一路风雨，一路繁花

2019级　固原市弘文中学七年级（1）班　卢涵

正值清明时节，我们弘文学子又踏上了去任山河扫墓的征途，它既是一个不断征服的过程，亦是一个持续蜕变的过程。一路欢声笑语、一路泪湿青衫、一路寒冷泥泞、一路繁花似锦。

凌晨4点多，天还下着蒙蒙细雨，我穿好雨衣，在校园内整装待发。随着校长的一声令下，我们昂首挺胸踏出校门。即刻，嘹亮的革命歌曲响起，我们带着一定能走下全程的坚定，开始了我们的征程。走了近一个半小时的路，天还未亮，同学们也浑然不知疲倦，路上时而讲着笑话，时而猜着谜语，时而打趣逗笑，一路欢声笑语，显示着我们的朝气。

不知走了多久，天悄悄地亮了，同学们的腿部渐渐有了些酸痛感，精力好像被消耗大半，欢声笑语逐渐被沉默不语替代。到了让人望而生畏的黄峁山下，山路狭窄，突然前面的队伍由四列纵队变成了两列。正当我们观望发生了什么事时，班级队伍就走到了面前，呈现在眼前的是一条弯弯曲曲、泥泞不堪的小路，看着眼前这条不知被多少双脚踏得面目全非，不断向上延伸的小路，我们露出了畏难的表情。果然，才踏出第一步，我的鞋子就被泥巴粘住了，猛地一个趔趄，眼看脚就要踏进泥潭时，一双被冻得通红的小手扶住了我。我慢慢稳住了重心，在她的帮助下从泥潭里拽出了鞋子，使劲绑好鞋带，和旁边的她胳膊挽着胳膊，小心翼翼地踏出了第二步。果然团结的力量是有魔法的，在你拉我推的协作下，我们终于走出了这段艰难的路。看着已经分不清颜色的鞋子和沾满泥点的裤子，我们不约而同地相视一笑，此时我好像突然有点明白了学校组织这项活动的意义。

走完泥地后，才发觉头发已经湿了。已记不清途中下了几次雨，下了几次雪，只记得风雪笼罩下的桃花似人间仙境。漫山遍野的山桃花开如海，放眼望去，如片片淡粉色的云霞，"春风如贵客，一到便繁华。来扫千山雪，归留万国花。"山桃花艳压群芳，连那梅花都逊色不及的雪在这幅水墨画前也失了颜色。

经过五个半小时的长途跋涉，我们终于到达了任山河烈士陵园。我们庄严肃穆地走进陵园，排好队后开始扫墓。由于行进途中没有吃东西补充体力，我在默哀时感到一阵眩晕，但我仍仔细擦了那位萧姓战士的墓碑。

离开时，我的腿还是酸痛的，但是不得不走，只能忍着痛往前走。我们已经没有来时的精神了，回去的路似乎比来时的路要长许多，感觉一直走不到尽头。最后的那几公里路，我是哭着走下来的。正垂头哭泣着，忽然，眼前出现了一个人，仔细确认发现那真的是母亲，我暗淡的眼眸才终于有了光。之前我曾多次邀请母亲来接我，母亲以店里太忙，一个人顾不过来为由拒绝了我，可她竟然还是来了。相视无言，她接过了我的书包，默默地退回到队伍旁边，我的世界不再是风雪，而是用爱织就的繁花一路陪伴，母亲的背影成了那天我最美的记忆。

这次的任山河之旅已经结束，虽然很累，但总会有许多美好的回忆浮现在眼前，那是一路的风雨，是一路的繁花，更是一路的爱。

摘自 2020 年《百里壮行任山河》

用毅力走出属于我们的美

2019级　固原市弘文中学七年级（3）班　母娴

美是春天姹紫嫣红的花朵，美是初晨喷薄的日出，但最美的是我们百里壮行任山河时坚强的意志和决心，更是革命先烈为解放华夏大地时无私奉献的精神。这次，我们要面临一个新的挑战——徒步108里，前往任山河烈士陵园扫墓，缅怀先烈。

夜依旧苍茫，天尚未破晓。在这万籁俱寂之时，随着校长的一句"出发"，我们迈着坚定的步伐激动地走出校门。天空仍飘着细雨，冷的是天气，热的是人心，叔叔阿姨们站在路边拉着横幅，为我们加油打气。在如此激动人心的时刻，我们排着整齐的队伍，唱着红歌，喊着响亮的口号，怀着无比欣喜的心情，踏上征程。

天微微亮，我们来到了黄峁山脚下，也迎来了我们第一个考验——过泥路。山路被雨水冲得狼狈不堪，湿润的泥土像一匹匹饥饿的野狼，百般刁难我们，想要"抢"我们的鞋，"抓"住我们的脚不放，寒风如刀子一般刺痛我的脸，天空下着雨，路面非常的滑。走在我前面的一位女同学滑倒了，我刚要扶她，她立即自己爬起来，裤子上沾满了泥，顾不上整理衣服，急切的心情驱使着我们，似乎忘记了疼痛。老师走在最前面，在最泥泞的地方提醒我们，我们互相搀扶着，一步一步艰难地向前走。

上午 11 时许，我们终于来到了任山河烈士陵园。看着陵园中央的纪念碑和两旁沉睡的革命先烈，我们心怀敬意。我们排着整齐的队伍站在烈士墓碑前默哀，沉重的心情难以形容，蒙蒙细雨好像他们当年在战场上挥洒不尽的汗水。我们祭献小白花，用毛巾擦拭墓碑。雪和雨打在我的脸上，一两滴冰冷的水珠顺着脸颊落在嘴边，不知道是泪水还是雨水。山河无恙，是先烈用身体捍卫；岁月无情，墓碑上已积满尘土。祖国的繁荣富强，我们的幸福生活，离不开他们抛头颅、洒热血的热情，离不开他们鞠躬尽瘁，死而后已的忠诚。他们为国捐躯，保家卫国的精神怎能忘怀？

考验不在去，而在回。

吃完饭后，我们又要出发了。我拖着早已被泥和雨水浸湿的裤腿和鞋，虽然脚疼痛不已，但是想起革命先烈当年爬雪山、过草地的情景，又觉得这点痛不值一提。

路仿佛没有尽头。到黄崄山山脚下，我的两条腿疼得直哆嗦，邓老师看见了，连忙跑到我身旁，她双手搀扶着我，对我说：“要加油啊，我们马上就到了，现在可不能气馁！”

“同学，我给你背书包吧，这样你能轻松点。”

“不用了，你也很累，快走吧，小心你也跟着我掉队。”

“没事没事，我还有劲，我们是一个集体，我怎能丢下你不管呢！”同学们纷纷过来帮我。他们取下我背上“千斤重”的书包，用双手搀扶着我。邓老师也累得喘气，同学们也一瘸一拐地走着，但是他们没有选择放弃。看着他们坚持的模样，我信心倍增，回头看看身后的同学，我伸出手拉着他们，一股神奇的力量激励着我——同学、老师之间的爱。

经过十几个小时的跋涉，我们终于回到了固原城，耗时一天的行程让人印象深刻，最初的欣喜，中途的绝望，最后的坚持，艰苦的磨炼，精神的传承！今天我用脚丈量了108里，虽然很累，但是内心深深地感到了骄傲，为我们伟大的革命先烈，为我们的不懈坚持。当年，革命先烈抛头颅，洒热血，如今的我们不应该好好学习，珍惜现在的幸福生活吗？

晚上8点，我们终于回到了校园，完成了这次意志力的挑战。

摘自2020年《百里壮行任山河》

生而逢盛世，吾辈当有为

2022级　固原市弘文中学七年级（4）班　陈思妤

愿以寸心寄华夏，且将岁月赠山河。

——题记

108里的路程后，是燃烧的青春和满腔的热血，正值豆蔻年华的我们，有什么路是走不到的呢？当听说这次任山河之行时，每一位同学都摩拳擦掌，跃跃欲试，无一人想过放弃。"少年不展风云志，空负恰好少年时"，在这明媚的春光里，我们踏上了征程，感受和平时代的长征。

出发·坚定

伴随着凌晨3点的闹钟，睡眼蒙眬的我迅速收拾好东西，怀揣着兴奋而又紧张的心情跑到了教室。同学们交头接耳，都按捺不住自己激动的心情，我也乐在其中。凌晨5点，我们排着整齐的队伍，浩浩荡荡地走出了校门，天空依旧漆黑一片，稀稀疏疏地有几颗星星冲我们眨眼睛。这时，随行的家长打开了手电筒，那些光束不仅照亮了我们前行的路，更照亮了我们心里的路，我扭头看去，发现同学们的眼里满是坚毅。"你们都不怕吗？在夜路上，能坚持下来吗？"我问道。"这有什么？苦不苦，想想长征两万五；累不累，想想红军老前辈，咱们这点苦算得了什么！"同学们铿锵有力的回答深深打动着我，让我更加坚定走下去的决心。

途中·互助

"天门依约开金钥，云路苍茫挂玉虹。"渐渐地，东方破晓，朝阳洒在地上，金光灿灿，充满活力，照亮我们前行的路，仿佛阳光也在为我们加油。不觉间，我们已到山脚，"马上就要爬山了"耳边传来家长和老师的温馨提示，心里涌出一股暖流。山路坎坷泥泞，愈行愈难，我逐渐掉到了队尾，此时，两名女同学过来拉着我一起向山顶走去，并不断鼓励我，这些话语和行动让我不再惧怕，我迈开步子往前走，很快就赶上了队伍。"山的那边是胜利的曙光。"在大家共同激励和帮助下，我们翻过了山顶，太阳也慷慨地将阳光洒在我们身上，似乎是在庆祝着我们的成功。这时，再想想革命先辈们翻山越岭，不畏艰难，矢志不移，才完成二万五千里长征的壮举。今天的体验让我明白了革命先辈的艰难困苦和幸福生活的来之不易。

到达·敬佩

经过了一上午的时间，我们终于到了任山河烈士陵园。踏入陵园的那一刻，浑身的疲惫都烟消云散。陵园的64阶台阶，象征着64师；那364块墓碑，是为祖国母亲而壮烈牺牲的364名英烈，是为新中国而战斗的中国脊梁。伫立在墓碑之前默哀的时候，我的心中五味杂陈，在为先辈擦拭墓碑时，眼前好像出现了他们奋勇杀敌的情景，只见他们手持步枪，眼睛充满血丝，怒目而视着敌人，呐喊着："革命胜利，新中国胜利！"

我已能想象到那个惊心动魄的场面，是他们用鲜血和生命为我们换来了今天的和平盛世，是他们用精神和意志撑起了中华民族不屈的脊梁。这364名烈士，有的连名字都不知道，但是他们有一个共同的名字：英雄。回望历史，像他们一样为了理想信仰，虽九死其犹未悔，历千难而前赴后继的革命先烈，何止这364人。有的人牺牲是为更多的人活着，这就是所有先烈的初衷！

返程·坚持

活动结束后，我们踏上了返回的征程，此时，我的脚钻心的疼，但我明白，我们都是强者！我们的心中只有两个字，那就是坚持。午后的阳光照在身上如灼烧一般，我们共同搀扶，相互鼓励，没有人掉队，同样的路程，此时却走得那么艰辛。日落西山，天色渐暗，但归途漫漫，我们还在坚持。"千淘万漉虽辛苦，吹尽狂沙始到金"，走完了山路，见到了熟悉的城市建筑，同时也看到了道路两旁伫立的军人，为我们加油打气，标准军礼是对我们今天行程最大的肯定！我的心中热血沸腾，激动无比，我告诉自己："这点苦、这点累算得了什么？再回忆起革命先辈的长征之难，他们身上不怕苦、不怕累的精神才是我们最值得学习和敬佩的。"在大家一起努力下，我们到达了学校，学校燃放烟花，那绚丽的烟花，给我莫大的鼓励。回首望去，一路上，家长的加油声、军人的敬礼、燃放的烟花是对我们此次感受革命道路之行最大的肯定！

鲜衣怒马少年时，不负韶华且知行。108里的路程，我们用脚步去丈量，用心去感悟，用青春谱写最壮丽的赞歌。这次旅途，让我深切感受到红军长征的艰苦和革命先辈的壮志，他们以半轮明月升起灯盏，一点水墨铺就千里江山。愿我们秉承赤子之心，胸怀凌云之志，以爱国为己任，守护山河安康。生而逢盛世，吾辈当有为！

摘自 2023 年《百里壮行任山河》

108 里征程

2020 级　固原市弘文中学八年级（1）班　汪卓雅

黑漆漆的夜，一阵雄狮怒吼般的歌声划破了寂静。灯火通明的弘文中学将开启任山河征程。

微弱的星光不能照亮前行的路，漫漫黑夜掩盖不了我们激动的心。道路两旁围满了家长，一道道横幅让人眼花缭乱。队伍很整齐，歌声很嘹亮。出了市区，山路上亮起了一道道手电筒的光。人影晃晃，小村庄里的狗吠声不断。

我们沿着青石峡的山路盘旋而上，从高处向下望，许多手电排成"之"字形，望不到头，也看不见尾。刚爬上第一个陡坡，我的耳边就响起了阵阵喘息声。队伍已经有些散了，几个同学相互搀扶着向上爬。再往前走是一段平缓的山路，向两边望去，一边是山，另一边是云雾般的桃花林。天边浓墨散去，泛起淡淡的鱼肚白，我们终于迎来了光明。

不知又往前走了多久，我感到疲惫的双腿与双脚似乎不属于自己了。陪伴我们的蓝天救援队队员始终一声不吭，他们才是真正坚毅的战士。老师安慰我们："快到了，快到了！"体育委员鼓励我们："快到了，快到了！"我们互相加油打气。又坚持了一段时间，我们终于看到了写着"彭阳县"的路牌。踏上英雄路，烈士陵园就矗立在眼前。默哀，演讲，宣誓……我们捧着小白花，心怀敬意将花放在墓碑前，又掏出湿巾，轻轻擦拭墓碑。大家强忍着泪水，满怀敬意地望着那一个个庄严的名字，我们不知道他们来自何方，只能根据他们的名字来勾画他们的容颜。有的烈士甚至连名字都没来得及留下，就已逝去。春风已解千层雪，后辈难忘先烈恩，高高飘扬的五星红旗上有你们的印记；青山有幸埋忠骨，碧血丹心铸忠魂，就让巍巍松柏伴你们长眠。

短暂的休整后，我们踏上了归途，这是更加艰难的挑战。但"心中有信仰，脚下有力量"，万水千山只等闲的长征精神和敢于斗争的精神让我们的双脚充满了力量，支撑我们走完了全程。

108里，是一个数字；108里，是一段路程；108里，是一次体验；108里，更是一次成长。任山河的历史我们不会忘记，革命先烈的精神也将永垂不朽！

摘自2023年《百里壮行任山河文集》

以奋进之名　书弘文华章

2020 级　固原市弘文中学八年级（2）班　陈思帆

四十年筚路蓝缕，七十载长歌未央。祖国母亲从风雨飘摇的觉醒年代到如今奋进的新征程，这盛大且灿烂的光辉背后，是一代代仁人志士以拳拳爱国心，奋发进取，才换来今之盛世太平。作为新时代少年的我们，作为弘文学子的我们，亦将牢记使命，弘扬爱国之志。

任山河扫墓活动是弘文中学坚持了 27 年的传统，百里壮行任山河不仅是一次体力上的考验，还是一次感情上的碰撞，更一次与众不同的成长经历。

2023 年 4 月 1 日，天还未亮，兴奋了一夜的我们早已按捺不住那颗激动的心。凌晨 5 点，学校前院已是人头攒动。动员讲话后，我们便开始了这次红色之旅。刚开始大家精神抖擞，健步如飞，两个小时后，双脚便有了难以忍受的疼痛，渐渐地，好像脚上的每一根骨头都不堪重负，快要被身体压断似的。随着烈士纪念碑一点一点地在我们眼前放大，我们咬着牙到达了烈士陵园。

庄严的扫墓仪式开始了，我们在一个个庄严肃穆的墓碑旁笔直地站立着，手里的小小菊花散发着光亮，我们似乎看见了当年的小小红船乘着光亮驶向未来，照亮了国之大道，我想轻轻在他们耳边说："先辈们，你们放心吧，祖国一路繁华，这盛世如你所愿。"

稍作休整后，我们便匆匆忙忙地踏上了回家之路。回去的路感觉越走越长，我甚至不敢抬头看一眼那望不到头的山路，只敢低着头看脚下的路。这时我想起了解放宁夏第一场战役中牺牲的革命先辈们，300多名烈士也曾饿着肚子、踏着泥泞走过这段路，走得那叫一个气吞山河、惊天动地，他们凭着的是"不破楼兰终不还"的意志力，凭着的是对一张张安稳课桌的渴望，凭着的是对和平年代的憧憬，他们是最可爱的人。

在榜样的力量激励下，我们互帮互助，克服重重困难，坚持走完了全程，当扑进父母怀抱的那一刻，热泪盈眶的我们再次真真切切地感受到了美好生活的来之不易。

历朝历代出现过许多以国事为己任、临难不屈、保卫祖国、关怀民生的仁人志士。弱冠之年的周恩来喊出"为中华之崛起而读书"的豪言壮语，显尽鸿鹄之志；年龄尚轻的梁启超摆脱封建桎梏，掀起变法之风，引领时代潮流。试问，若无有志青年义无反顾地迎接时代的挑战，中华民族何以在时代长河中站稳脚跟？所以，同学们，对于每一位弘文学子来说，此次任山河扫墓活动是一次终生难忘的经历，我们用脚步丈量了108里的革命路，用心感受了长征精神。少年兴则国兴，少年强则国强。我们要自强不息，艰苦奋斗，把爱国之志变成报国之行。

百里壮行任山河，弘文学子当怀揣梦想，谱写青春的战歌；弘文学子当风雨兼程，迈向前方的征途；弘文学子当矢志不渝，奔赴时代的洪流；弘文学子当以奋进之名，书写弘文的华章。

摘自 2023 年《百里壮行任山河文集》

心之所向步履不停

2023 级　固原市弘文中学七年级（3）班　刘文宇

我怀着激动的心情等这天很久了。

出发

那天凌晨星光稀疏，人们像往常一样还在熟睡。一群十三四岁的少年整齐地涌向一所学校，这所学校就是固原市弘文中学，这些学生就是第 29 次任山河之行的参与者，我也是他们中的一员。

随着任校长的一声令下，我们在夜色中迈出了坚定的第一步。空气中弥漫着清晨的凉意，微风拂过，带来了泥土和树叶的清新气息。我们的谈笑声在宁静的夜空中回荡，逐渐唤醒了沉睡的大地。

我们攀至黄峁山巅，第一缕阳光穿透云层，照亮了我们的脸庞。远眺群山，重峦叠嶂，朝霞映照，我们仿佛站在了世界的顶端，心中涌起了一股征服自然的豪情。

进入彭阳县，我们被沿途的自然奇观所震撼。高耸的山峰在阳光的照耀下熠熠生辉，山洞中透出的凉意让人精神一振，而那一片片黄土地上，庄稼随风起舞，像是在欢迎我们的到来。

哀悼

上午 10 点，烈日炎炎，却难掩我们内心的澎湃激情，我们走的每一步都显得格外庄重。我们的心在胸膛里怦怦地跳动，我们在为自己的胜利而欢呼。在陵园里种着许多郁郁葱葱的松树，白色大理石雕刻成的纪念碑矗立在高高的台阶之上。"革命烈士永垂不朽"几个鲜红的大字，诉说着英雄的故事。

上午 10 点 30 分，祭英烈活动还没有开始，但大家已经拿出带有"哀念"二字的小白花，佩戴在胸前。

祭英烈仪式在肃穆中开始，解放军战士步伐稳健，抬着花圈，一步步登上台阶，展现了无比的庄严与敬意。在献花时，大家怀着感恩的心情将花缓缓地放下。

啊！可爱的战士们，你们为了国家的解放事业牺牲于此，长眠于地下，这是无私奉献的精神。弘文中学坚持做同一件事 29 年，这是坚持不懈的精神。

凯旋

归途中，太阳高悬，阳光如同烈焰般炙烤着大地。尽管我们的脚步在炎热中变得沉重，但心中的激情却未曾减退。当我们最终抵达学校，鞭炮声和家长们的欢呼声如同胜利的号角，为我们的坚持与勇气喝彩。

夜幕降临，一天的徒步之旅结束了，给我的成长之路留下了深刻的印记。这次徒步之旅不仅是对革命先烈的缅怀，更是对自己意志的一次考验和磨炼。心之所向，步履不停，我们将带着这次经历，继续勇敢地走向未来。

摘自 2024 年第 29 次任山河之行《行走的思政课文集》

昂首，挺进

李昌林

昂首，挺进
一百零八
踩成自豪与自信
浓缩于鞋底
任山河
铁色的墓碑
密密地站在我的心里
一股强劲的力量
自脊梁升腾而起

昂首，挺进
有火热的心
有钢铁的腿脚和手臂

一切的狰狞与凶顽

只能褪色

新的太阳和月亮

照亮的

是我们自己

顶天立地

昂首挺进

千里，万里

摘自《2003 年任山河文集》　作者系弘文中学教师

梅花香自苦寒来

马　锐

　　1995 年 4 月 5 日清明节，我校初一年级师生在韩校长的带领下，徒步前往距固原城 50 多里、位于彭阳古城的"任山河烈士陵园"为烈士扫墓。此行全程 108 里，历时十几个小时，成了当时街谈巷议的话题。持反对意见者说这是一种摧残。他们认为，吃苦并不能直接换来孩子的成绩，对于孩子而言，吸收更多的现代知识、培养现代意识更为重要；与其让孩子消耗那么多的体力长途跋涉吃苦，不如到大城市去见识现代化，这样可能更有利于提高孩子学习的信心。

　　支持者认为，现在的孩子从小在父母的呵护下长大，衣来伸手，饭来张口，没有经历过艰难困苦，对他们将来走上社会很不利。家庭、学校应该在给他们提供好的生活条件、学习环境、教学设备等一些物质的东西外，还应该给孩子提供成长过程中不可缺少的一些精神性的东西。真爱孩子就应该让他们多吃点苦，过多的呵护，只能使他们失去生存的能力！

　　抛开成人的争论，我们极想知道走了 108 里路，脚上起了疱，眼中流了泪的孩子们回来后是一种什么样的感受。翻阅历届《任山河之行作文集》，真可谓"苦辣酸甜皆营养"。从写沿途见闻到写身心感受，从写怀念烈士到写同情山娃，从写欣赏风景到写历史与现实的反差，从写个人顽强拼搏到写榜样的力量，从写师生间的相互帮助到写集体精神的鼓舞，无一不让人感动。其中最具代表性的是冯洁同学写的《步行百里是摧残吗？》："在我们这一代人身上，普遍存在自私、集体主义观念淡薄的思想及行为，但在这次活动中，情况却截然不同，一路上师生互相鼓励，互相搀扶……任山河之行，我们始终保持着良好的精神面貌，流溢着团结友爱的温情，使我真正理解什么叫共患难，什么叫集体主义精神。同学们的思想境界得到了一次净化，你能说我们被摧残了吗？"过程中感人的事举不胜举，有同学生病了，老师发现后，让他放下背包他不放，让他坐车他更是不肯。他说："我是来锻炼的，当了逃兵是耻辱的，怎么回去向家长交代，我能挺得住，我一定要走到底！"在校医的劝说下，他才在草地上仰面躺下，大口喘息，只过了一会儿，又爬起来继续前进了。孩子们把这次百里之行称为他们的"小长征"，很是恰当。长途跋涉中，孩子们不仅经历了磨炼，重要的是，他们体会到了同学间的友情，师生间的关爱，师生同甘苦，不畏艰难、顽强拼搏、争取胜利的团队精神得到了发扬光大。

《固原日报》的一位记者问韩校长："在学校安全重如泰山的情况下，你们学校仍组织学生徒步去任山河烈士陵园扫墓，是出于何种考虑？"韩校长的回答是："出于对教育的理解。"陶行知先生说过："生活即教育。"十一二岁的孩子，一天走108里路无论如何不是件轻松的事。他们依靠坚强的意志和集体的力量走完全程，脚上磨疱，双腿发酸，甚至流泪，是一次难得的人生体验。看学生胜利归来后的神情，谈学生的体会文章，思考历次活动，更加坚定了我们的信心，为了学生的成长，承担一定的活动风险是值得的！

梅花香自苦寒来。百里壮行任山河已经得到了家长和社会的支持、理解，去路上接孩子的家长越来越少，甚至在校门口接的家长也明显减少，他们认为，孩子接受这样的磨炼是值得的。还有热心家长全程跟随，亲身感受、观察，并用相机记录下来。这是我们能够将这次活动坚持十几年不动摇的基础。

大家本着"为了学生成长"的初衷，一走就是12年，并且常走常新，常新常走，走出了传统，走出了精神。

摘自《2008年永远的红飘带》　作者原系弘文中学教师

任山河之行，我骄傲

马慧琴

　　大地还是一片沉寂，天空中还有可数的几颗星星，在黎明还未降临之时，我们伴随着鲜艳的彩旗，嘹亮的口号，整齐的步伐出发了，踏上了"任山河之行"的征途。

　　在这往返 108 里的征途中，在这十五个小时的挑战中，有太多的精彩让我回顾，有太多的感动让我潸然泪下，有太多的精神让我骄傲不已。

　　太阳越来越烈，像是要把大地烤熟一样，即使是下午，太阳也没有减弱的迹象。学生拖着疲惫的身子，使劲让灌了铅的双腿往前走。虽速度缓慢，但你听，他们的口号多么嘹亮，你看，大点的男同学替女同学背书包，其他同学则三个一群，五个一组互相鼓励，相互搀扶着向前走。这时校车过来了，它试图为学生们解困，但看到它带着遗憾的表情离开时，我怎能不为我们弘文学子永不放弃的精神而骄傲。

　　在这一路上，最让我敬佩的人要数我们的老教师们。他们是最忙的人，一会儿跑到前面给同学们加油，一会儿退到后面给同学们鼓鼓劲，还要照顾身体不舒服的同学。老教师们虽然不再年轻力壮，但他们的精神气不减当年。记得第二天我问陶老师"什么力量让你坚持走完全程？"

陶老师自豪地说"是学生们的笑脸"。她说这句话的同时脸上挂满了幸福。简单的几个字却充满了浓浓的师生情。多好的老师啊。为了让学生们走完全程，她即使再苦再累，即使体力不支仍坚持了下来。此时，我怎能不为老教师们坚持不懈的精神而骄傲。

我的体质柔弱，临行之前，同事们担心我走不下来，我自己心里也没有底。最终坚持走下来了。我深知能让我坚持走下来的力量来自于学生们的信任，领导、同事的鼓励，烈士们崇高精神的感染。此行之后，我得到了领导的肯定，同事的赞许，学生们的佩服。记得学生的随笔中曾写道："任山河之行让我感触很多，尤其是我们的小马老师，她虽然外表柔弱，但坚持走完了全程，可见她内心是多么的坚强，这份坚强就是我此行最大的收获。小马老师我佩服你。"读完这段文字，我的内心感受到了不亚于"会当凌绝顶，一览众山小"的成就感。这是平时找不到的幸福。高兴、满足，太多太多的喜悦只因语言太苍白无法将其表达。此时，我怎能不为我持之以恒的精神而骄傲。

任山河之行我们付出了巨大的"代价"，那就是一连几天走路腿疼得完全不受自己支配，但身体的劳累却丝毫不能影响我的兴奋之情。它带给我的精神财富，我笨拙的笔尖写不出一万分之一二。但内心的那份骄傲永不磨灭。

摘自《2010年任山河文集》　作者系弘文中学教师

不忘历史，砥砺前行

马金叶

万物萌发，山河清明，经许久期盼，我们终于等到了这一天！

大家好！我是七年级 10 班班主任马金叶，很荣幸能怀揣崇高的敬意，站在这里和大家分享"百里壮行任山河"我的所思所想。

明日，我们清晨出发，想必虽春寒料峭、雨雪交加，但我们依旧会神朗气清，气宇轩昂。我们将用 13 个多小时的跋涉，用坚定的步伐和执着的信念，去追随、去回首那段可歌可泣的峥嵘岁月！

那是中华人民共和国成立前夕，中国人民解放军第一野战军第 19 兵团 64 军，夺取了任山河战役的胜利，打开了解放宁夏南大门的第一战。激烈的战斗中，有 364 名解放军指战员壮烈牺牲，其中有 100 多名烈士连名字都没有留下，他们没有看到共和国成立的庄严时刻。那场解放宁夏的任山河之战，许多战士就如我们这般大，十几岁，二十几岁，正是因为他们的拳拳赤子之心，对祖国深深的爱，对新中国强烈的期盼，才使得他们冒着枪林弹雨，浴血奋战，献出了年轻而宝贵的生命。那每一个为共和国诞生而牺牲的生命，都应是我们后来者心中的英雄。

今年，恰逢中国共产党成立 100 周年，中华人民共和国成立 72 周年，也是我们弘文中学第 26 次徒步任山河，祭扫慰英烈。清明雨中，百里壮行任山河，我们此届新生，更以爱国之情和报国之心，郑重地接过接力棒！

那 108 里的路途，将是一次体力、耐力和意志力的艰巨考验。作为新进学校的老师，我和大家一样，也是第一次，既兴奋又胆怯，我曾用16 个小时，攀登过海拔 3098 米的峨眉山；却未曾想过，明日将用 13 个小时，挑战 108 里的任山河远征，风雨无阻，和大家一起用双脚丈量革命先烈用生命换来的每一寸土地，用我们的实际行动告慰英灵，延续英烈们奋勇杀敌、为国捐躯的崇高精神，并把这份坚定与执着延续下去，这是何等有意义的事啊！我想，经过这场爱国拥军的洗礼，我们定会受益匪浅，铭记一生！

当然，为了此次活动能顺利进行，我们积极锻炼，全力准备，戴在头上的班帽，隐隐作痛的大腿，以及修改了一次又一次的活动策划，全班齐走，小组同行，更有老师、家长陪着我们一起走。

同学们，一个人走会走得很快，但一群人走，会走得很远。近一年的小组建设，在课堂上，大家交流质疑，相互竞争，这次走出课堂，我们更要发挥小组的力量，团结协调，同患难，共进退。在这个命运共同体中，组长、安全员、小护士，要分工明确，团结一致，步步为营。只有守纪律、讲文明、有担当、有爱心的小组，才配得上归来时学校"优秀小组"的荣誉称号，我们走出去代表的是班级形象，年级形象，代表的是弘文学子，代表的更是当代中学生啊！

就如一位校长所言："教育应该是培养终身运动者、责任担当者、问题解决者和优雅生活者，给孩子们健全而优秀的人格，赢得未来的幸福，造福国家社会。"而"突出人文，重视做人"的弘文精神，就是对大家的"培根、铸魂、启智、润心"。今天，我们陪你们一起走过这段路，你们流下的是汗水和泪水，收获的却是希望和明天。

人间四月芳菲尽，大地即将春和景明，我们更愿看到，彭阳山头，桃花烂漫，而走在康庄大道上的你们恰似桃花，更胜桃花，你们是爱，是暖，是希望，你们就是人间四月天。

四月天里，山河清明，我们去瞻仰的每一方纪念碑，每一座烈士墓，每一段英雄故事，都是永不熄灭的精神火炬，赋予我们强大的精神力量！

少年强，则国强！70多年前，先烈们捐躯赴国难，长眠任山河，70多年后，已国强民富，如花盛放的少年们，让我们用行动来告诉先烈们，我们定会铭记峥嵘历史，珍惜美好生活，勤奋顽强奋斗，报效伟大祖国！

路在脚下，让我们不忘历史，砥砺前行！

摘自《2021年任山河文集》　作者系弘文中学教师

奋斗百年路　启航新征程

——记我校第 26 次赴任山河烈士陵园扫墓活动有感

张　福

　　今天，距离我校第 26 届七年级全体师生赴"任山河烈士陵园"扫墓活动已经过去十几天的时间了。这段时间，我除了正常的教育教学工作外，还要批阅学生扫墓回来以后写的心得体会。当我看到同学们写的文章，我情不自禁地被他们的"激情"所感染，也想用文字表达一下自己的心声，与同学们的思想"融为一体"。

　　首先，我想说的是"任山河"与"任山河战斗"。因为，这对于本地人来说是很熟悉的，但对于外地朋友来说就陌生了。"任山河"位于宁夏固原市彭阳县古城镇的一个小村庄，距离固原市区有 108 里路。而"任山河战斗"历时两昼夜，击毙和击伤"马家军"1450 人，俘虏 1345 人，缴获迫击炮 28 门，轻重机枪 108 挺，步枪与冲锋枪 1349 支，战马 121 匹。"任山河战役"是解放宁夏的第一战，也是打得最为惨烈、影响最为深远的一战。此役摧毁了宁夏"马家军"的士气，击溃了国民党守军，打开了解放宁夏的南大门。而在这次战役中，我第 64 军共有 364 名指战员献出了宝贵的生命，为新中国的解放事业谱写了一首壮丽的悲歌。革命先烈们抛头颅、洒热血的英雄气概感召后人。为纪念牺牲的 364 名烈士，1955 年，当地政府修建了"任山河烈士陵园"，现已成为弘扬红色爱国主义教育的实践基地。

其次，我想说的是，我校师生徒步 54 公里祭奠英烈，为什么能坚持 26 年。1994 年，活动的首倡者韩宏校长看到一篇名为《夏令营的较量》的文章，文章报道说，在内蒙古举行的中日联合夏令营活动中，中国孩子的体力与毅力不如日本的孩子，日本老师说："你们这一代孩子比不了我们的孩子"。这篇文章深深刺痛了韩宏校长。1995 年清明节前夕，韩宏校长在质疑声与反对声中，决定带领固原二中初一师生徒步 54 公里到"任山河烈士陵园"祭奠英烈。一是厚植爱国情怀，二是向世人证明我们的青少年能不能吃苦。活动从一开始的被质疑与反对，到现在得到学生家长和社会各界的认可。这一活动被我校现任党支部书记、校长任皓同志带领的管理团队很好的"薪火相传"了下来。

最后我想说的是这一活动的意义何在？我校党支部书记、校长任皓同志在接受媒体采访时说："学生以前对爱国主义认知来源于课本与网络，很少有亲身体验。学生通过徒步 54 公里到任山河祭奠英烈，引发他们的思考，厚植师生爱党爱国情怀，另外在 54 公里徒步中同学们相互帮扶，感受到了集体的力量与关爱。"我校从 1995 年开始，积极探索创新学校德育新模式，逐步形成了学校、年级、班级"三位一体""开放包容"的德育特色。通过"学党史、学国史"活动、国旗下的演讲、主题板报、红歌比赛、文艺会演、中华古诗文经典诵读等形式开展红色教育活动。特别是每年清明节，都要组织七年级全体师生徒步 108 里前往任山河烈士陵园开展扫墓活动，接受爱国主义教育。此项活动26年来从未动摇过，是初一师生必修的"思政实践课"，取得了良好的育人效果，成为我校的一项德育品牌。学校被全国双拥领导小组与中央军委政治工作部等单位评为"爱国拥军模范单位"。

2021年，是中国共产党成立100周年。习近平总书记说："要用好这样的红色资源，讲好红色故事，搞好红色教育，让红色基因代代相传"。我校以"奋斗百年路、启航新征程"为主题的清明祭扫活动，在主题活动中增强广大师生"学党史、感恩党、听党话、跟党走"的责任与意识，培育和践行社会主义核心价值观，进一步激发全体师生爱党爱国的热情与爱国主义精神，使爱党爱国成为广大师生的思想自觉和行动自觉。

本次扫墓活动也引发社会各界广泛关注。据固原市委网信办统计，有关这次祭扫活动的视频，网络观看量16亿。网友们纷纷为我校的"壮行"点赞："不怕风雪行百里，一往向前永不弃。踏过泥泞越过岭，体验长征祭先烈"。"一身泥泞，一身疲惫，一次经历，一生回忆，一路征程，一次历练，心中有信仰，脚下有力量，眼前有山河，心中有家国，这是我们要学习与继承的长征精神，26载坚持，真正让爱国主义精神在学生心中扎根"。

我作为此次活动的参与者与见证者，我也深受感动与教育，在15个小时往返108里的征程中，寒冷的冰碴打在师生们的脸上，泥水浸透衣服，道路泥泞湿滑，汗水泪水交加。困难没有阻挡住弘文师生前进的步伐。同学们相互搀扶，互相帮助，共克时艰，用执着与毅力战胜苦难。当英雄们凯旋的时候，我们赢得了广大市民与家长的鲜花与掌声。同学们自豪地说："谁敢横刀立马？唯我弘文学子"。

这几天，我在批阅学生扫墓后写的心得体会，同学们笔下爆发出的"力量"再次震撼了我。有的同学说："我们都将成为对祖国、民族有用的人，都会成为一个对人民有益的人，因为我们所祭奠与缅怀的先烈，正是这样一群人。"有的同学说："我们之所以生活得幸福安宁，是因为有人用血肉之躯为我们筑起了一道墙，而我们能做的就是铭记他们，用我们的双肩为祖国撑起一片蓝天。"还有的同学说："每一步都在为成功做基础；每一次坚持都能带来成功。我们不畏路远，因为不止一人在走；我们不畏艰险，因为不止一人在扛。青春岁月，有此行，无悔！有此伴，无畏。"

　　我们弘文人在党的感召下，通过26年来从不动摇的祭扫活动，从学习党的历史中汲取奋斗的力量，继承先烈遗志，传承红色基因，刻苦学习，努力工作，使自己成为祖国建设的栋梁之材，为实现中华民族伟大复兴的中国梦奉献智慧与力量。

　　"人民有信仰，国家有力量，民族有希望"，弘文人始终都是践行者。

摘自《2021年任山河文集》　作者系弘文中学教师

种子的事业

苏学仁

师者，所以传道受业解惑也。

然而，业可授，惑易解，道却难求。东亚病夫的狂吠还能穿过历史的隧道荡叩我们的耳膜；30 年前，中日少年儿童《夏令营里的较量》依然振聋发聩。

作为教育工作者，我们应该做些什么呢？

27 年英雄路，百里壮行祭英烈，弘文中学风雨无阻，坚守如初。

飒飒沾巾雨，披披侧帽风。固原清水河畔，杨柳婆娑，它告诉我：弘文学子每年都从这里经过。似一朵朵雪莲，似一只只乳燕，似展翅的雏鹰，似鲜嫩的红丹丹。

雷惊天地龙蛇蛰，雨足浇园草木柔。黄峁山，七沟八梁，它告诉我：弘文学子每年都从这里走过。他们眼里噙着泪水，身上淌着汗水，腿脚抽筋，血疱磨破，拖着疲惫的身子，迈着坚定的步子。同学累了，尽力帮着。自己累了，咬牙撑着。从天未亮，到暮色浓，风尘仆仆，一路高歌。

金雕玉石竖高碑，八字鎏金闪光辉。任山河烈士陵园烈士纪念碑肃然屹立，它告诉我：弘文学子每年都到这里来过，凝重的表情，坚毅的眼神，高高举起的右拳，铿锵宣誓的声音从胸膛飞出，震彻山谷。传承红色基因，赓续精神血脉，从这里出发！

果实的事业是尊贵的，花的事业是甜蜜的，叶的事业是奉献的，还是让我们做种子的事业吧。那金灿灿的种子已然生根，发芽……

27年，往事如歌。如今，每逢清明节，家长，争先恐后，全程陪伴；社会各界，关心关注，全方位支持；毕业学子，激情满满，从全国各地乃至世界各邦发来贺文、贺电……

听，弘文中学，升国旗仪式，全体师生，齐声吟诵：风雨送春归，飞雪迎春到。已是悬崖百丈冰，犹有花枝俏。俏也不争春，只把春来报。待到山花烂漫时，她在丛中笑。

摘自《2023年任山河文集》　作者系弘文中学教师

英烈之花永不褪色

冯顺恒

固原的春天总是姗姗来迟，三月上旬，婺源田园油菜花进入观赏佳期，三月中旬，贵州乌蒙大草原的万亩杜鹃花尽情绽放，而固原的沟沟壑壑还是一片昏黄萧瑟，常有强劲的西北风袭来，空气中也会弥漫着沙土的味道。

桃花是山城固原报春的使者，每年春分前后，桃花已经开始萌动，黑红色的花蕾渐渐蓬松开裂露出粉红，要想看到本地原有物种的桃花，必须回归自然，到山间地头，才能一睹固原原汁原味的桃花芳容，而城市花圃或公园里有太多的外来物种和人为干预，往往给人一种强塞的感觉，不是固原真正的春色。

2005年以来，我多次参加固原市弘文中学组织的清明节徒步任山河扫墓活动，有幸多年目睹了装点春色的惊艳桃花。初春时节，固原的山还没有披上绿色，树也没有发芽吐絮，一路上干枯的草，飞扬的土伴随左右，满眼的土黄是主色调，然而在道旁，在田埂上，在山巅沟畔，会有那么几株或几十株桃花开得灿烂。它们树形不高，分布也不规则，就那么自然地，没有人工雕琢痕迹地怒放，在这个春雨贵如油的季节里，贫瘠加干旱并没有改变它们迎春的姿态，当我们还穿着冬衣，跋涉在寒风中时，免不了为它们担忧，因为固原的春天寒冷而气候多变，它们将要面对寒冷、风沙、雨雪、霜冻的洗礼，它们中的许多将不能看到夏天，更看不到硕果喜人的美好图景。但是它们似乎不惧风雨，只为给人间带来美好，用那点点暖色来驱散人间的寒冷，用那一抹粉红来点亮人们眼中的喜色。

一路的风尘，一路的辛苦，却因为有你们——桃花相伴，让行程不再单调，让我们看到了生命的力量，生命的美好，不觉加快了脚步。

心中有信仰，脚下有力量。我们翻山越岭，只为那 54 公里外的圣地——任山河烈士陵园，这些年来，我们不忘初心，一路坚持走来，在清明节这个特殊的日子里慎终追远，一次次唤醒血液中红色的基因，一代代传下去。

回想 1949 年 7 月下旬，一支从东南方向开来的队伍，像春风一样荡涤着固原这片土地上黎明前的黑暗，经过两天的浴血奋战，人民军队取得了决定性的胜利，打开了解放宁夏的南大门。有胜利就会有牺牲，有 360 多名解放军指战员在这次战斗中壮烈牺牲，为革命为固原解放流干了最后一滴血，他们没能衣锦还乡，没能看到中华人民共和国成立后的繁荣昌盛，他们长眠在干旱贫瘠的西海固，甚至有些战士没有留下姓名，他们也是报春的使者，他们的精魂化作了这明亮的桃花，点缀着山河，充盈着我们的心神。

鹦鸽嘴马蹄形的堑壕向人们展示着战斗的惨烈；矗立在陵园平台中央的烈士纪念碑庄重肃穆，彰显业绩，告慰忠魂；依次排列在绿色草坪上的烈士墓碑，昭示烈士精神与天地共存，万古长青；陵园展览馆里的烈士遗物向人们静静地讲述着英雄们的故事；孩子们凝重的神情和自发地肃立脱帽鞠躬，让我们看到了未来的希望。

罗家山、天喜湾、北庄洼、任山河、杨家山、海家沟、石家湾等处烈士战斗牺牲的地方，英雄的名字与这里的每一寸土地深深地融合在一起。如今，在和平安宁的日子里，这里草丰树茂，人民安居乐业，每年春天桃花开了又谢，谢了又开，一年又一年像英雄的烈士一样守护着这里的一草一木，一村一户，一人一物，又似在诉说着昔日那正义与邪恶的较量，时刻警示人们不要忘记那些惨烈的战斗。

时光荏苒，一晃 70 多年过去了，烈士们是那个年代的英雄，同样也是我们这个时代的英雄，时代不能缺少英雄，时代也不应忘记英雄，我们既要继承，更要传承英雄精神，争做新时代的英雄。

岁岁年年花相似，年年岁岁人不同。每年清明时节，不同的师生，同样是十二三岁年龄的学生，他们怀着激动的心情，捧着心中的神圣，徒步 108 里，这也是他们一生中难忘的英雄壮举。每次清明扫墓，看着孩子们庄重地擦拭着墓碑，神圣地献上花朵，他们的心灵一定得到了净化，得到了升华，这一刻，在他们的心中已经种下一颗正能量的种子，将成为一生永不褪色的英烈之花。

烈士们走了，但他们的事迹会幻化成永不磨灭的丰碑，高高屹立在我们后人的心中，为这块土地注入了悲壮与活力，给这片山河披上了神奇而庄严的色彩。

摘自《2023 年任山河文集》　作者系弘文中学教师

弘文学子百里远足扫墓

李昌林

少年谁畏远途艰?
百里征程一日还。
烈士墓前齐立誓,
铁军行列勇争先。
野桃花放迎人盛,
春涧鸟鸣随队喧。
沐雨栉风经坎坷,
昂扬奏凯尽欢颜。

作者系弘文中学教师

信仰的力量　坚持的魅力

屈品盈

　　滴水穿石，源于水滴日复一日的击打；愚公移山，是因为他持之以恒的信念；红军长征成功，来自他们坚持的力量。明代学者胡居仁曾言："苟有恒，何必三更眠五更起；最无益，莫过一日曝十日寒"。人生做何种事，没有坚持到底的毅力，就难以到达顶峰。正如弘文中学任山河活动已经坚持27载，这份坚守和信仰也再一次迎来全国各界乃至国外人士的高度关注，这份力量来自弘文人的坚守和信仰，是对学生成才的信仰，对学校蓬勃发展的信仰，更是对教育事业能更上一层楼的信仰。

　　人间岁月如流水，又到一年清明时。回眸历史长河，伟大的中华民族生生不息、绵延发展、饱受挫折又不断浴火重生。注目凝望，一个接一个英雄的名字跃然而出，如同最醒目的坐标，点亮一段又一段刻骨铭心的民族记忆。4月1日这天，1300名弘文师生又一次破晓出发，徒步108里去任山河烈士陵园扫墓，浩浩荡荡的队伍在晨晖的映衬下，在山间犹如巨龙般蜿蜒前行，七八年级的学子也即将开启第28年的信仰坚守，又将谱写不一样的一段人生经历。

　　1994年的《夏令营的较量》，文章针对中日孩子在内蒙古草原的一次探险夏令营活动中的不同表现，暴露出中国孩子的许多弱点，深深刺痛了固原二中原校长韩宏的心，他认识到对学生进行吃苦教育的重要性，应该创造机会，让孩子们接受实践磨炼，接受大自然风雨的洗礼。经过深思熟虑，韩宏校长力排众议，顶住压力，顶住质疑甚至是谩骂，积极倡导和推动，开创了固原教育界徒步任山河扫墓的先河。1995年清明节，固原二中初中部（弘文中学）开展了第一届百里壮行任山河活动，正是有韩校长的第一次突破重重困难的坚持，任校长不负众望的开拓创新和坚守，才迎来了弘文中学27年的红色之旅。

27载看似平凡，但承载着弘文一代又一代人的希望和坚守，108里对于大多数人只是个模糊的里程概念，但对弘文的每个人都是一种挑战。有网友回复这不可能实现，是作秀，但弘文人用自己的实际行动打破了谣言，完美地诠释了坚持需要不惧挑战的勇毅。为了这次红色之旅，在平时体育锻炼的基础上，我们又进行了一个月的体能训练，通过各种爱国宣传和倡导，使学生内心充满了力量，高效地完成自己的训练任务。"新时代是奋斗者的时代"，通过这次活动，我们坚信登上黄峁山，脚下便是积粉如云的桃花山色；坚毅不屈，前面就是开满鲜花的成功之路；翻过这座山，拐过这道弯，眼前就是信念的终点。

坚持信仰是一种战胜自我的奋起。正如我们走在漆黑的108里山路上，春寒料峭，两边荆棘丛生，尽管又冷又累，但我们仍在咬牙坚持，风雨同舟，披荆斩棘，战胜自我，最终到达目的地。我们都在坚持，一坚持就是27年。正是这份坚持深深埋在弘文人的心里，无论以后的生活怎样，终将成为弘文学子们一辈子的财富。

坚持信仰让我们不甘平庸，孙康映雪夜读，苏秦头悬梁锥刺股，范仲淹断釜沉舟，自古以来功成名就之辈大多是持之以恒、坚忍不拔之士。作为新时代弘文学子的我们也同样不甘平庸，我们勇于跳出"舒适圈"，用稚嫩的双脚丈量这108里的路程，脚底磨出水疱，双腿不听使唤，我们也要互相搀扶，让挫折成就我们前行的勇气；红歌振奋精神一路随行，老师同学们一遍遍地加油，改变了我们的思想，让不甘平庸促使我们努力前行。通过这次刻骨铭心的活动经历，让我们立下鸿鹄之志，坚持不懈，成就自我，报效祖国。

青山埋忠骨，史册载功勋，革命先烈浩气长存，永垂不朽。弘文中学27年的信仰坚守，不仅缅怀了烈士，祭奠了英灵，使我们脚下充满力量，更是给所有师生上了一堂生动深刻的思政课和爱国主义教育课，进一步弘扬了师生们的爱国主义精神，增强了历史责任感和使命感，更体现了弘文人的坚守，信仰。

摘自《2023年任山河文集》　作者系弘文中学教师

我与"行走的思政课"的不解之缘

王　毅

记录，让成长有章可循

1993 年，孙云晓先生发表的《夏令营中的较量》引发了社会对青少年教育的广泛关注。文章通过中日青少年夏令营的对比，激发了公众对于青少年吃苦精神培养的重视。受此启发，1995 年清明节，固原市弘文中学（原固原二中初中部）组织新生徒步 54 公里，到位于彭阳县的任山河烈士陵园扫墓，用实践活动磨炼学生意志，传承革命精神和爱国主义情怀。

当时，这一做法引起了家长及社会各界的质疑，认为对孩子的身心健康是一种损害。对此，当时参加活动的初一新生冯洁同学在作文《步行百里是摧残吗？》一文中给出了坚定的回答。她在文章中写道："我们用十多个小时的跋涉，翻山越岭，证明了中国孩子同样坚强。只要家长能够适当放手，让我们有机会自我挑战，我们完全有能力为国家争光。"这篇作文不仅在 1995 年 6 月 3 日的《固原报》综合副刊版面上发表，而且赢得了社会的广泛认同。

2006 年，我进入固原市弘文中学担任老师。2008 年 4 月 4 日，我以副班主任及摄影师的身份，第一次参与了任山河烈士陵园祭扫活动。自那一日起，我便与"行走的思政课"宣传结下了不解之缘，至今已有16载。

第一次徒步的情景今生难忘。

这一年，我们的祭扫队伍在翻越黄峁山时，走错了路，沿着砂石山路走到了沟底，又从沟底沿着陡峭的山路爬上去。当时参加活动的初一新生王姓同学知道路走错了，躺在地上直打滚，对她的班主任段老师说："路走错了，我不走了，我走不动了！"段老师急忙做工作，告诉王姓同学路虽然走错了，但从旁边的另一条路也能走到。这么多年过去了，王姓同学躺在地上哭闹和段老师对学生鼓励的情景还深刻地印在我的脑海中。

这一年，我拿到了学校的一台 DV 机，专门用于这项活动的拍摄。为了拍到生动的镜头，我在队伍中前后穿梭了好多趟。一天下来，腿如铅灌，脚趾麻木，机械地行走在返程的路上。我永远忘不了咬牙坚持到学校、回到家，上不了台阶的情景。

这一年，时任固原二中校长、弘文中学董事长的韩宏说了一句话："我想请媒体报道一下任山河烈士陵园祭扫活动，能挖掘其内涵就更好了。"当年，《固原日报》以《百里壮行任山河》为题，对任山河烈士陵园祭扫活动进行了深度报道。

2009 年，学校向上级部门提交了关于当年组织任山河烈士陵园祭扫活动的申请报告。然而，考虑到大型外出活动可能带来的风险，上级部门并未批准，导致活动当年未能开展。但学校领导班子并没有放弃，到2010 年清明节前夕，学校再次提交申请，尽管主管部门的批复迟迟未到，但在弘文中学校长任皓的不懈努力和坚持下，任山河烈士陵园祭扫活动最终得以顺利开展。他认为，这项活动对学生成长有非常重要的意义，必须坚持开展。于是，活动得以延续，并逐渐发展成一堂具有教育意义的"行走的思政课"。

此后每一年，由我邀请固原电视台、《固原日报》的记者对任山河烈士陵园祭扫活动进行报道，并制作光盘记录活动中的感人场面，也为无数的学子记录了百里壮行的点点滴滴。但我始终记着老校长韩宏说过的话，"要把这个活动往前推"。后来，我们与《宁夏日报》、宁夏电视台进行了接触，宁夏媒体渐渐对任山河烈士陵园祭扫活动开始关注，报道也出现在电视和报纸上，让更多的人了解并关注这项富有教育意义的活动。

声音，激起一圈圈涟漪

成功犹如一座高峰，唯有不懈攀登，方能领略巅峰之景。成就一番事业，需得天时、地利、人和三者相辅相成。2021 年，我们的活动攀上了新的高峰。

2021 年 4 月 2 日，第 26 次任山河烈士陵园祭扫活动如期举行。尽管天气预报显示将有雨夹雪，但我们的队伍毅然踏上了征途。4 时 55 分，固原市弘文中学的操场上人头攒动，彩旗猎猎，闵祥副校长的动员讲话十分励志，他说："今年的任山河之行，因天气原因，可能会更加艰辛。但是我们想想红军二万五千里长征，爬雪山、过草地，这往返 108 里，对我们来说也不算什么，同学们有没有信心？""有！"就这样，孩子们披上雨披，勇敢地开始了这段艰难的旅程。

当队伍抵达原州区开城镇青石峡路口时，下起了雨夹雪，行程有些困难。我与固原电视台的记者刘焱在山顶的摄影车上遭遇了困境，车轮陷入泥潭。经过一番努力，终于脱困，却发现两驱车在这样的道路上难以前行。我急忙用对讲机联系行进中的队伍，却始终无法接通，心中焦急如焚，担心孩子们的安全，最终决定步行赶上前行队伍。

经过约 3 公里的艰难跋涉，我们与大部队会合。大雾弥漫、山路泥泞，行进艰难。孩子们的鞋不时陷入泥潭，需要相互协助才能拔出，孩子们被迫走在山梁上。此时，学校的一名摄影师用手机记录了这一幕，并分享到了微信朋友圈。不久，固原电视台的记者联系到我，希望能获取更多的现场画面。我边走边用手机拍摄，将视频传给了他们。固原电视台迅速以"眼前有山河，心中有家国。固原市弘文中学风雨无阻路第 26 次任山河之行！坚定的红色信念构筑学生的'思想'堡垒，让信仰之火生生不息、红色基因代代相传"为内容播出一条短视频，反响热烈。

随着时间推移，我的手机铃声此起彼伏，各大媒体纷纷希望获取更多的报道素材。我在泥泞的山路上，一边回应着记者的询问，一边安排学校的采访工作。11 时，孩子们到达任山河烈士陵园，泥水溅到了他们的腰部，但排列整齐的队伍让所有人动容。返程的道路更加艰难，天气一会儿下雨、一会儿下雪、一会儿雨夹雪，有些道路全部变成了泥水坑，孩子们在其中一步一步往前蹚，鞋子中的泥水发出"呲呲"的声音。雨夹雪打在每个人的脸上，气温很低，这给我们极大的考验。大约 17 时，由于下山的道路实在泥泞难行，学校决定临时改变路线，沿着山顶返回。雨夹雪愈发猛烈，学生的安全如同一块沉重的石头压在老师们心头，但孩子们相互鼓励、相互搀扶、咬牙坚持的样子构成了这个春天最美的风景。从山顶到学校，这一年我们实际行走的路程是 128 里。

20 时过一点，学生们终于安全抵达学校，路边的鲜花和掌声迎接着这支凯旋的队伍。这一天，全国各大媒体竞相报道了我们的活动。《人民日报》以题为《连续 26 年！宁夏固原市弘文中学师生每年徒步 54 公里祭扫慰英烈》进行报道，新华社、《阳光少年报》等媒体也分别对活动进行了报道。我们的活动也登上了热搜，受到了国内外媒体的充分肯定。

这一年起，任山河烈士陵园祭扫活动真正为世人所知。共产党人杂志社也在 2021 年 1 月和 4 月分别以《百里壮行祭英烈　爱国拥军铸情怀》《忆先烈赓续红色基因　学党史开启奋斗征程》为题，对活动进行了深入报道。

遗憾，激发更多动力

2022 年 3 月，新冠疫情的阴霾尚未完全散去，但任山河烈士陵园祭扫活动宣传工作已悄然拉开。人民网记者团队自 3 月 12 日便抵达固原，开始紧张有序地报道准备工作。

他们与市委宣传部紧密联系，制定了详细的采访拍摄计划，细致打磨主持词。与当地媒体及教育、公安、移动、联通、电信等部门协调合作，优化布点、测试信号。因为是第一次全国、全程直播，《宁夏日报》、宁夏电视台、宁夏新闻网的记者也在精心准备，电力保障车、网络保障车、固原市新闻传媒中心的直播车也早早停在了校园里，可谓万事俱备、只欠东风。

4 月 2 日，我和记者们沿路做了最后演练。15 时 50 分，结束演练后，我的手机铃声响起，传来了令人沉重的消息——经多方研判，任山河烈士陵园祭扫活动不得不取消。我尽力掩饰情绪，等待其他记者相继休息后，才悄悄告知人民网带队记者这一消息。我们明白，这一艰难的决定必然是经过各层面慎重考虑的结果。

记者们不甘的眼神、不舍的身影，深深烙印在我的记忆之中。这种无奈和遗憾，只有付出努力的人才能感受到。那一年，大家带着深深的遗憾，相继离开了固原。

2023年4月，春风再起，任山河烈士陵园祭扫活动如期举行，同学们一路精神饱满，让人感动。但在返程中，我的对讲机上传来了学校学生处主任王慧珍老师的声音："2名学生和陈雪老师身体不适，请尽快联系医生。"我问："不是有救护车吗？""救护车已经拉了一名学生去学校了。"王慧珍回答。

我立刻让指挥车开往山顶，边走边和固原市妇幼保健院联系，很快增援的救护车和医生就联系了我。等我们赶到2名学生和陈雪老师身边时，2名学生体力已经恢复，但陈雪老师仍躺在地上，双目紧闭，蓝天救援队的医生正在实施抢救。看到这一幕我的心一下提到了嗓子眼。当时队伍正在休整，我和其他老师疏导学生让出了一条救援通道。陈老师被抬上救护车送到医院救治。后来，陈老师身体好了后，又坐车返回了学生队伍中，她心里放不下全班的孩子。

这一年的宣传工作也展现出新的风貌。

被采访对象包括敬业的老师、朝气蓬勃的学生以及深感荣耀的家长们。

《宁夏日报》开辟了专版，以《这条路，一走就是28年》为题刊登了 5 名已步入职场的校友撰写的文章，字里行间流露出对过往岁月的怀念，对未来的憧憬。《固原日报》亦先后拿出两个版面，以《28 年上好一堂"行走的思政课"》和《这条路，我也曾走过》为题，进行了专题报道，唤起了无数读者的强烈共鸣。除了《宁夏日报》、宁夏新闻网、《固原日报》和固原电视台等本地媒体的采访报道外，《中国教育报》以《徒步百里祭英烈是一堂深刻的思政课》和《唤醒学生心灵，让成长自然发生》为题，深刻报道了学校此次活动的深远意义，强调了这一行动对学生心灵的触动和成长的重要性。宁夏电视总台的《德耀宁夏》第四季节目也向此次活动投来了关注的目光，邀请了老校长韩宏、王慧珍老师和朱丽媛老师作为嘉宾，在演播大厅中分享了他们的感动与体悟。通过他们的叙述，观众得以更深入地理解这一活动对参与者，尤其是青少年学生的深远影响。

坚持，走出红色教育新"长征"

2024 年，第 29 次徒步百里祭英烈活动如期举行，其宣传声势为历年之最。2 月 24 日，新学期伊始，中央电视台国防军事频道导演张馨尹便与我取得了联系，她有意拍摄《牺牲在黎明》专题片。学校领导初时婉拒，但在张导的一再坚持下，自治区退役军人事务厅及中央电视台国防军事频道正式发函后，我们迎来了央视团队。

张导及其团队对工作的执着与细致，让人敬佩。他们在学校拍摄了开班会、唱红歌、体能训练等基础素材。随后，在通往任山河的路上和任山河烈士陵园进行了拍摄。张导一次次在崎岖的山路上穿梭，直至每一个镜头都达到她的要求。《牺牲在黎明》第八集《山河待黎明》巧妙运用现实与历史交替的叙事手法，在 10 分钟内构建起"固原市弘文中学学生徒步往返 54 公里去祭奠烈士""当地退役军人事务部门寻访烈士故事及其家人""历史上燕飞烈士的牺牲"3 个叙述空间，3 组故事相互激荡、彼此交织，于 4 月 6 日在中央电视台新闻频道播出，4 月 8 日再次在国防军事频道与观众见面。

3 月 8 日，人民网宁夏站记者从银川打来电话，表达了对第 29 次任山河烈士陵园祭扫活动进行直播的意愿。我一直为此次活动未能实现直播深感遗憾，人民网记者的提议让我欣喜。在得到学校的同意后，我们全力以赴配合人民网的准备工作。3 月 11 日，人民网记者到达学校，开始设计演播室、运输设备等工作。市委宣传部为此专门召开了协调会，确保直播的顺利进行。

随着活动临近，新华社、宁夏日报报业集团等各路媒体纷纷到来。我忙着安排车辆、协调采访对象，虽然一周下来疲惫不堪，但记者的职业精神让我深受感动。4 月 3 日，第 29 次任山河烈士陵园祭扫活动在 120 名记者参与及人民网和固原市新闻传媒中心的全程直播下进行，新华社、宁夏电视台、宁夏日报报业集团、固原市新闻传媒中心等媒体大量推送消息，关注人数破亿。活动不仅成为网红品牌，更在 4 月 5 日登上了中央电视台综合频道《新闻联播》。4 月 6 日中午，我接到了固原市新闻传媒中心记者的电话，得知中央电视台综合频道《东方时空》栏目希望对活动进行报道。当时我正在培训途中，便立即开始联系采访师生，并回复各种问题。当日 21 时节目播出，弘文中学校园出现在电视画面上，我对中央媒体的高效率感到惊叹，同时也为学校深感自豪。

据权威部门统计，"网络中国节·清明行走的思政课"主题活动网上总传播量 14.6 亿次，超过 1250 万人参与网上互动讨论。宁夏一所中学连续 29 年组织师生徒步 108 里祭英烈、行走的思政课、花儿向阳开等多个话题登上微博同城热搜。《这堂行走的思政课上了 15 个小时　同学们聚精会神感触颇深》抖音作品登上正能量稿池传播效果排行榜第二位。

人民网宁夏频道、宁夏新闻网、黄河云融媒体中心、平安宁夏、固原市新闻传媒中心等新闻媒体和政务新媒体进行全程网络直播，从活动组织、服务保障、师生采访、围观群众等切入点进行直播，在线观看人数超过 3000 万人次。

新华社、人民网、中国新闻网、中国教育新闻网等 145 家央媒发布了 1200 余篇报道，《浙江日报》《湖北日报》、澎湃新闻、极目新闻等 603 家省级媒体发布了 2600 余篇报道，在清明节期间形成舆论焦点，被广泛关注。

5 月 10 日，《人民日报》发表评论文章《"行走的思政课"带来的启示》，对活动给予高度评价。5 月 12 日，中央电视台综合频道《新闻联播》再次聚焦宁夏固原，提及这项坚持了 29 年的"百里祭英烈""行走的思政课"已经成为备受瞩目的网红品牌。5 月 20 日，《中国教育报》头版头条以《29 年，每次往返 54 公里，3 万余师生接力徒步祭英烈——壮行任山河》进行了深入报道。这不仅是对"行走的思政课"这一活动的肯定，更是对我们多年来不懈努力的认可和鼓励。5 月 22 日，中国教育电视台以《29 年坚持徒步百里祭英烈　育人"走新"更入心》进行了报道。

习近平总书记对学校思政课建设作出重要指示强调，新时代新征程上，思政课建设面临新形势新任务，必须有新气象新作为。

"行走的思政课"，作为一场跨越 29 年的教育传承，已经成为弘文中学师生的精神坐标。在这里，传承红色基因、争做时代新人的红色教育主题得到了具体化和系列化的实践。我们坚守初心和使命，致力于培育能够担当民族复兴大任的时代新人。

　　教育是一场现代的"长征"，需要我们在日常的教书育人中不断探索，走出属于教育的深度、厚度和长度。同样，青少年的成长也需要这样一场"长征"。站在 29 年接力跑的新起点，我们一定会将"行走的思政课"的精神火炬传递下去，照亮更多青少年的成长之路，引领他们走向更加光明的未来。

　　摘自《固原日报》2024 年 5 月 23 日、5 月 24 日、5 月 25 日、5 月 28 日连载原文　作者系弘文中学教师

靠近光，追随光，成为光

马晓琴

"少年自有少年狂，身似山河挺脊梁。敢将日月再丈量，今朝唯我少年郎。"这两天，《少年中国说》这首歌一直萦绕在我耳边，初闻不悟其中意，再听已是曲中人。在我们刚刚实践过的任山河之行中，我用眼、用心体会到了属于我们弘文学子的那份勇敢和担当，也让我真正感受到了"吾辈当自强，唯我少年郎"最真实的意义。

现在再谈任山河，可能会条件反射般地抬抬脚，捶捶腿，好似想要证明一下那一路的艰辛和坎坷，脚底的水疱还未消肿，两条腿在抬起时依旧会感到酸痛。但若要我用一个字来总结，我会脱口而出"值"。为我们出发前充足的准备感到值得，也为我们前行中所有老师和学生的表现感到值得，更为归来时那属于我们弘文学子的掌声和呐喊声感到值得。

是的，这一路说不辛苦都是假的。在出发的前一个月我们就开始了相应的准备，从学生的体能锻炼到与家长的多次沟通，摸底学生的身体状况，商讨陪伴学生的家长，告诉家长和学生一定要穿一双舒服的、合适的鞋子等，从最细小的地方保证这趟征程的顺利进行。同时通过任山河活动推进会、协调会、动员会这个过程，来发现并解决问题，一次次的协商，一次次的调整，只为将属于我们弘文中学的这份坚持更好地延续。

在这趟征程中，给我内心留下最深刻的记忆，那就是感动。被参加这次活动的所有成员感动，活动开始前各部门忙忙碌碌的准备，事无巨细，未雨绸缪；活动时，对讲机里学校领导和老师们的声音一直没有断过，他们询问路途的路况，询问每个班级的速度和跟进情况，对讲机外的老师们更是扯开嗓子为每个班级加油打气；此外，还有为七年级全体师生的安全出行保驾护航的后勤人员，他们忙于转运学生，分发午餐，统计人数，每个人都兢兢业业，认真负责。除此之外，就是一直陪伴学生的班主任和随班老师了，每一个都认真负责，用他们的肩膀扛起了整个班级的责任，陪伴着孩子天黑而出，天黑归来。当然，我最想说的就是我们14个班级里的每个孩子，我想说你们真的很棒，你们没有被108里这个数字吓倒，你们没有在身体不舒服时选择放弃，或许启程时你们还心怀激动，满怀热情，但面对看不到尽头的归途时，你们依旧选择搀扶着对方勇敢前行，即使途中有车辆想要让你们上车缓缓时，你们也大声地说出"我还可以，我能够坚持"。这份坚持是属于你们自己的荣誉，归来时加油的呐喊和美丽的烟花则是对你们全部的礼赞。

从周甜老师口中，我听到这样一段交谈。班长张楠在归途中这样对她说："老师，平时你给我们教的爱国，教的勇敢和坚持早已印在脑海，所以我一直以这些来要求自己，希望自己可以做一个有担当的班长，但今天的这个征程，让我真正懂得了你的那句'内化于心，外化于行'，我觉得今天的这趟征程，让我一直以来的那个爱国的潜意识明确了起来，我自己行走过的这段路已经让我差点坚持不住，再想想长征二万五千里的路程，不知道他们得有多疼，得有多累，所以我一定要好好学习，先用成绩打开前行的大门，再用理想报效我自己的祖国。"听完这段对话，我也再一次明白了我们弘文中学坚持这个活动29年的意义，是啊，在这段征程中看到的人，感受到的事情，体会到的感情才是对孩子们最好的教育。

回来的途中，一个同学这样问道："老师，为什么早上去的时候我觉得还比较轻松，可回来的时候感觉路程比来时多了一半不止，感觉翻过一座山，还有一个坡，怎么都到不了尽头。"这个问题我想现在回复给所有的孩子"因为启程时，你们还精力充沛，所以有足够的力气去翻山越岭，同时因为天色未亮，你们只顾埋头前行，并未被其他的事情消耗你们的精力。可归来时，你们的身体已经感受到了疲惫，所以来时的一步需要你们现在两步才能支撑，另外天色早已大亮，你们的注意力被你们的同伴，被许多事情吸引，前行过程中你们就要分出注意力去观察，去交谈，所以你们感觉路更长了。这正像你们的学习过程一样，从开始进入弘文时的兴奋，每个人都斗志满满，可在慢慢过渡中，你们会被难答的题、难做的事而阻挡住，你们会觉得路越来越难走，可能会不止一次的有想要放弃的念头，但是老师想说，归途虽然那么难，你不是还是赢了吗？你通过自己的努力还是赢得了属于自己的掌声和赞叹，所以，且行且看且从容，以从容、自信的心态去面对发生的任何事情，你要无比相信自己，你真的很棒，剩下的路请勇敢前行吧。

同学们，回想过去那段峥嵘岁月，我们要向革命先烈表示崇高的敬意，我们永远怀念他们、牢记他们，传承好他们的红色基因。让信仰之火熊熊不熄，让红色基因融入血脉，让红色精神激发力量。同学们，让我们靠近光，追随光，成为光。新长征路上，有风有雨是常态，风雨无阻是心态，风雨兼程是状态。作为新时代的我们，已继承了代代中华儿女血脉中流动的红色基因，理应肩负起我们的责任和希望。今朝唯我少年郎，敢问天地试锋芒，我们是新时代的少年，我们亦当如此，不问终点，全力以赴。

摘自《2024 年任山河文集》　作者系弘文中学教师

致敬革命先烈，赓续红色血脉，
铸牢中华民族共同体意识

杨佳丽

敬爱的各位老师，亲爱的同学们：

大家中午好！我是七年级 13 班班主任杨佳丽，很荣幸能站在这个庄严而又神圣的地方，和大家一起分享关于"铸牢中华民族共同体意识，走好新时代长征路"的所思所感，今天我发言的题目是《致敬革命先烈，赓续红色血脉，铸牢中华民族共同体意识》。

朝阳初醒，皎月未眠，伴随着早春捎带的寒意，弘文中学 700 余名师生怀着最崇高的敬意和最深沉的哀思，徒步 108 里来到任山河烈士陵园，共同缅怀那些果敢无畏、为了国家的解放和人民的幸福而英勇牺牲的先烈们。

那是一段令人难忘的峥嵘岁月。中华人民共和国成立前夕，中国人民解放军第一野战军第 19 兵团 64 军，取得了任山河战役的胜利，打开了解放宁夏的南大门。在此次激烈的战斗中，共有 364 名解放军光荣牺牲，有 100 多名烈士连名字都没有留下，他们没有看到共和国成立的那个庄严时刻。此刻，我们站在庄严肃穆的烈士纪念碑前，为那些为了祖国的解放和人民幸福美满的生活。长眠于地下的革命先烈们献上花环，表达我们的哀思。历史不会忘记你们，新时代的青少年更不会忘记你们，你们的精神将永远长存！

今年，是中华人民共和国成立 75 周年，是解放宁夏第一场战斗——任山河战斗胜利 75 周年，也是我们弘文中学第 29 次徒步 108 里赴任山河烈士陵园祭奠英烈的日子。我要自豪地说："我们本届七年级全体师生，以饱满的爱国之情与报国之志，郑重地接过了此项活动的接力棒。"

此次任山河之行，是一次意志品质的锻炼。习近平总书记说，"回望过往历程，眺望前方征途，我们必须始终赓续红色血脉"。作为新时代的青年人，我们更要向革命先烈学习，学习他们艰苦奋斗、顽强拼搏、积极进取、不怕牺牲的精神。我们要始终以革命先烈为榜样，继承和弘扬长征精神，将吃苦耐劳的精神内化于心，付诸于行。在学习上或生活中遇到困难时要勇敢面对、百折不挠，发扬长征精神，乐观、积极向上。我想无论同学们以后身处何地、所遇何境都会用任山河之行这堂"行走的思政课"鼓励自己坚定理想信念、勇往直前。

此次任山河之行，更是一次铸牢中华民族共同体意识的精神洗礼。在任山河战斗中牺牲的革命先烈的光荣事迹，能够让我们在实践中学习历史，在感悟中传承精神，树立正确的文化观和历史观，推动民族团结基础不断夯实，使中华民族共同体意识深入人心。在这个过程中，同学们的团结意识得到了显著增强。面对 108 里"长征"，体力的下降与脚下的刺痛阻挡不了弘文人前进的步伐。同学们相互搀扶，相互鼓励，以小组与特色班建设所凝成的团结力量，以弘文人"团结奋进、和谐高效"的进取精神，众志成城，展现了良好的精神面貌。

千百年来，国和家在中华儿女心中从来都是相互依存的概念。家是国的立根基础，国是家的精髓凝聚，缺少其一，都称不上是完整的"国家"。从儒家"修身、齐家、治国、平天下"的济世理想，到抗日战争时期中华各族儿女献身沙场的铮铮铁骨，再到和平年代中华各族儿女在各工作岗位上的努力付出。家国情怀始终如绵绵不绝的河流，流淌在每一个中华儿女的血液中，支撑起中华儿女不屈的脊梁。

同学们，作为新时代的青年，胸怀家国情怀要从当下开始，要坚定理想信念，珍惜时间，不负韶华，努力学习文化知识，不断磨砺自己，提升自己，"铸牢中华民族共同体意识，走好新时代长征路"。

作者系弘文中学教师

家 校 篇

弘文精神永放光芒

杨志斌

    清明节临近前夕，女儿告诉我说，学校正在紧锣密鼓地准备徒步到任山河烈士陵园扫墓的各项工作，还对同学们增加了体育锻炼并告诫沿途注意事项等。

    我暗自思忖，如今社会科技文明的飞速发展，让人们已从过去的走路变为"坐路"。不论路的远近，代替两条腿的都是各具特色的现代交通工具，我们是"坐"在路上"行走"。因此，徒步任山河之行，对于十二岁的女儿而言确实是个很大的考验。

    几天后，女儿征求我的意见，去，还是不去？我心里明白，她心里没底，没信心，对这次百里之行思想上有畏惧。我反问她："你想不想去呢？"她幽幽地叹了口气说："我想去，但又怕走不动，拖了班级的后腿。不去，又感到遗憾。"我加重语气说："那就去吧！别犹豫了，这次百里之行，对你来说是一件好事，咱们得尊重学校的安排。学校让每届初一学生徒步百里到任山河去祭扫烈士陵园，有一种巨大而丰富的精神内涵在其中。你去走走、看看，缅怀革命先烈，细思一下自己的幸福生活，在思想上肯定会有一次大收获。自降生后整整十二个春秋里，你每天都过着衣来伸手、饭来张口的生活，是生长在'温室'里的花朵，做父母的尽最大努力，调用了家庭一切可调用的资源，满足了你的一切需求。你从未经历过吃不饱、穿不暖的苦难生活，也没有参与过家庭体力劳动，更没有徒步走过远路。现在，学校为你提供了一个检验自己意志和参加爱国思想教育活动的平台，足见学校历届领导及教师们的良苦用心，我们应该感激学校！这是个不错的机会，我举双手赞成你参加这项意义非凡的活动。虽然这对你来说是个艰苦的过程和严峻的考验，但锻炼一次，也很好嘛！在你之前的十几届学生都徒步走了一回，留下了许多感人的事迹。那么，我相信你也一定能够徒步走完全程。或许你现在还感觉不出其特殊意义，但是，将来你读高中、大学乃至走向社会参加工作，当你忆及这一活动时，会别有一番滋味在心头！"

女儿出神地望着我，我顿了顿接着说："你们还未动身，学校就已让家里给你们准备沿途的吃喝穿戴，为你们想得多周到啊！记得三十多年前，我上小学五年级时，学校组织我们勤工俭学。清晨，天还黑着，我们就早早地起来，往手工制作的破书包里胡乱装上几个熟洋芋，背上小背篓，步行到几十里外的大关山里挖中药材。我们可没有诸如绿茶、营养快线、葡萄糖、白面花卷、煮鸡蛋、小番茄之类的奢侈品，也没有至今都让我羡慕不已的校服、运动鞋。我们穿着补丁摞补丁的破衣烂衫，脚上穿着鞋，可脚指头大部分露在外面。但是我们情绪高昂，到山里后马上挖药材，饿了吃洋芋，渴了趴在山泉边喝一口凉水。忙活一天，太阳搭山畔时，我们背负沉重的背篓，肩扛镐头，排着队，喊着一二一，最后天黑了才回到学校，往返也是将近百十里的路呢！那时我才十一岁。回想起小时候的勤工俭学之行，至今都令我难以忘怀……"

四月三日，妻子遵照学校提出的要求，为女儿准备好了"长征"途中所必需的一切东西。晚上，女儿激动得睡不着觉……

四月四日凌晨四点三十分，妻子准时起床为女儿做饭，女儿吃了后，妻子于五点零五分把她送到了学校。

晚上七点多，妻子骑自行车去三里铺迎接"远征"的女儿。八点多，寒风枯草的黄岢山梁上，传来闹嚷嚷的声浪："加油，加油！"稚嫩的口号声此起彼伏。蜿蜒的群山公路上，弘文小学子们的队伍犹如一条巨龙，穿梭前行。那阵势，那场面，着实给人以震撼心灵的力量！

参加"长征"的孩子们风尘仆仆，拖着疲惫的步履归来了！看着一张张可爱的小脸上刻满征途的倦意，妻子动了恻隐之心，想让女儿坐上自行车回家。可女儿坚持不坐，一定要走回学校。妻子又要她的背包，女儿同样坚持自己背。

女儿说："妈妈，一百零八里的路程，已剩下百分之零点几了，请您别动摇我的信心，让我坚持走完吧！"看到那么多的孩子都坚持走着，妻子也不好意思再坚持让女儿坐车了。再者，她也怕影响其他孩子的信心，就听从了女儿的话，尾随着孩子们一路走到了学校。

七百多个十二三岁的小孩子，在老师们的不断鼓励和顽强信念的支持下，用他们柔弱的双腿、细碎的步履，硬是徒步走完了一百多里路程，实属不易。这一百多里，让如今的成年人徒步去走，也是个很大的考验，更不要说这些孩子了。

祭英烈，十七春，

任山河，徒步行。

经风雨，显精神，

弘文志，要继承。

思艰苦，比昔今，

栋梁材，理当明。

勤学习，图上进，

念父母，感师恩。

强素质，学本领，

怀家国，建奇功。

在这里，我诚挚地、深沉地感谢弘文中学的领导和老师们，感谢你们为我们的孩子创造了锻炼意志和参加爱国思想教育活动的很好机会！弘文中学的这一举措，已经浓缩为一种科学精神，它光芒四射，力量无限，影响深远！

摘自《2011年任山河文集》　作者系2010级七年级（10）班杨欣爸爸

孩子，任山河之行值得你记住

罗　瑞

　　孩子，昨天你参加了固原市弘文中学七年级师生徒步108里的任山河祭扫活动。你全程走下来了，这似乎在我的意料之中，又似乎在意料之外。看着你满身灰尘的疲惫身影，听着你隐含自豪的喊累声，我知道这一天你成长了，也相信它会成为你人生中难以忘却的记忆。

　　可是，作为母亲，我还想再唠叨几句，我想让你明白，任山河之行值得你记住。孩子我想让你记住，集体永远是你最大的助力。试想如果没有这样的集体行动，你一个人能否走下来？集体给予你的不仅仅是称谓，更是一种力量，是你始终知道你的身边还有人在与你一起前进，所以孩子你要爱护自己的集体，要为它做你该做的，让你也成为他人的陪伴者。

　　孩子，我想让你知道，老师永远是你前进路上的护航者。108里的漫漫长路，你看到的是老师陪伴的身影，你没有看到的是活动前的全面部署。在今天这个安全至上的时代，那份肩负的责任重之深之，为了你们的安全，外有蓝天救援队，内有热心家长团，点点滴滴都需要老师这个操心人。所以孩子你要尊重你的老师，要听她的话，学习你该学的，让你能够成为有用的人。

　　孩子，我想让你知道，同学永远是你最好的伙伴。当你实在无法走动的时候，是身边的同学用他稚嫩的双肩将你背在身上；当你腿抽筋无力前进的时候，是身边同学的双手拉起你前进的步伐；当你面对体能极限准备放弃的时候，是身边同学鼓励的目光给了你不言败的勇气，所以孩子你要爱护你的同学，要记住他们对你的帮助，也要尽力去帮助同学，要和同学成为伙伴，共同前进。孩子，我想让你知道，家长永远是你背后的支柱。活动前的探路，山路上的巧克力，山顶的西瓜，道路两旁的横幅，还有那些矿泉水、鸡蛋、香蕉、黄瓜，包括舒适的登山鞋、便捷的登山包，等等，是谁在为你默默准备？镜头里你疲惫不堪，镜头外一遍又一遍地翻看活动视频照片，只为搜寻那个熟悉的小小身影。他们默默付出，不求回报，只希望你能健康成长，所以孩子你要感恩你的父母，要理解他们，孝敬他们，好好学习，做有用的人，让他们放心。

孩子，我最想让你知道，自己的路还要自己走。108 里不仅丈量的是路程，也是你自己的力量。一路上有人为你保驾护航，有人为你默默付出，有人拉你一起前进，但是如果你自己放弃了，那再多的力量也无法拉动你停止的脚步。一路上你遭遇的疲惫、血疱、刮伤、抽筋、饥渴等等都是前进的阻碍，每一次也许你会觉得已经是极限。可是坚持过后就是自豪，所以孩子你要记住，路在你脚下，走不走只有你能决定。要想走到终点，就必须目标明确、意志坚定，这样才能克服困难。

孩子，108 里的任山河祭扫慰英烈活动结束了，你身体的疼痛在一周后就会彻底消失。但是我要说，这次任山河之行值得你记忆，你要记住在今后的成长道路上，当你遇到困难、遇到阻碍的时候，你要知道身边有集体、有老师、有家长在为你保驾护航，更重要的是只要自己努力，坚持不放弃，就一定能够走到目标的终点。

摘自《2018 年任山河文集》 作者系 2017 级七年级（3）班杨郅浩妈妈

重走长征路，壮行任山河

马金琴

2021 年 4 月 2 日，我参加了固原市弘文中学七、八年级去彭阳县任山河祭扫的活动，这次活动于我、于孩子，都是一次心灵的洗礼。

我虽不是弘文学子，但我有幸陪女儿走完了全程。天不亮就出发了，一路上天降雨雪，道路泥泞，孩子们用脚板丈量 54 公里的"坎坷路途"。尽管天气不尽如人意，可孩子们的精气神一点儿都不差，跌倒了再爬起来，大手拉着小手，无数双手紧紧地拉在一起，每一根指尖都传递着力量和爱，让人甚是感动。不远处还时不时地传来班主任黄老师甜甜的加油声。看到眼前这些可爱的"小精灵"一个个拼尽洪荒之力前行，我的眼睛模糊了，泪水不争气地打湿了我的双颊。就在这时，耳边传来了一个稚嫩的声音："阿姨，我的油加完了，怎么办？还有多少路啊？"我笑着摸了摸孩子的头："最后一公里，快到了。"可我心里清楚极了，这只是在安慰她，给她希望罢了。一路上，这样的问题我一直在重复地回答着，孩子们失望后重新燃起希望，尽管如此，却没有一个人掉队，没有一个人放弃。突然，前面传来了一个声音："同学们，我们马上到达陵园门口，请大家注意队列队形。"此刻，那个同学感激地看了我一眼，又开心地笑了，我的心里也松了一口气，终于到了。

陵园里面"革命先烈永垂不朽"几个大字将孩子们路途的疲惫和辛酸统统冲洗殆尽。红色信念铸造了学生的思想"堡垒"，让信仰之火生生不息，红色基因代代相传。

回来的路上，孩子们已没有力气说话了，我的腿也像灌了铅一样沉重，但所有人都在咬牙坚持着。看着女儿投来想要放弃的目光，我坚定了自己的决心，一定要给她树立好榜样。路仿佛越走越长，没有尽头，裤子裹上了厚厚的一层泥，脚已深深陷入泥潭，寸步难行，我从来没有走过这么难走却触动心扉的路。不知是凭借自己的毅力，还是为女儿做榜样的决心，终于在晚上 8 点多时，我们回到了学校，我和孩子们一样，都哭了……

人生之路走过了千万条，可这次却是我今生最难忘的一次旅行。陪着孩子壮行任山河是我这些年关注弘文精神最为精彩的一次经历，有歌声、笑声、雨声、雪花声，更有泥泞路上的挣扎声和路边家长的赞许声，真是声声入耳。这是一种精神，也是一种信仰，更是孩子们多年以后的一种回忆。孩子们，加油！

摘自《2021 年任山河文集》 作者系 2020 级七年级（2）班马嘉馨妈妈

以"学长"身份重温任山河

姚小沛

记得 26 年前，固原二中的老校长韩宏，在天微亮时面对 800 多名师生大声读到"雄关漫道真如铁，而今迈步从头越……"这首毛主席名作《忆秦娥·娄山关》的诗句后，从此开启了固原二中连续 26 年徒步任山河缅怀革命先烈的光荣传统。那时的我作为一名初一新生，有幸成为第一届徒步任山河的学生，一路的坎坷与坚持让我至今记忆犹新。二十六年后，我的孩子也进入了这所具有光荣教育传统的学校，成为我的校友的他也即将踏上这一光荣的征途。

2021 年 4 月 2 日凌晨 5 时许，固原弘文中学一千多名师生在绵绵细雨中踏上了前往任山河的 108 里的艰难征程。作为学生家长，我被邀请全程陪同行走。

看着孩子们穿着雨衣，背着书包，唱着红歌，迈着轻盈整齐的步伐向 108 里外的目的地进发，看着孩子们瘦弱的背影，我仿佛看到了当年的我。出发时天公不作美，淅淅沥沥的小雨已经下了起来，这必将注定这次徒步的过程将会困难重重。从固原市区到任山河会途经黄崒山梁，从山下到山上海拔落差将近 100 米，别小看这 100 米落差，它对人体将是一种极大的考验。孩子们大口喘着气，顶着寒风，踏着泥泞，深一脚浅一脚艰难地行走在山中。已经四十不惑的我，此时比孩子们走得更加艰难，但我不能表现出举步维艰的样子，这样会给孩子们带来负面的情绪。所以，我这名"老学生"只能硬着头皮淌着泥、顶着风蹒跚着。慢慢地泥水渗进了鞋里，裤腿也湿了起来，一种刺骨的寒冷侵袭着双脚，我的双腿已慢慢地开始不听使唤。但是看到孩子们仍然坚持相互搀扶着行走时，一种莫大的鼓励使我迈开了步伐。

经过将近 7 个小时艰难的行走，正午时分师生们终于到达了任山河烈士陵园。进到陵园后，我发现烈士陵园几经修缮和改造，比当年我看到时更加雄伟。一座高耸的烈士纪念碑映入大家的眼帘，碑高 19.49 米，象征着 1949 年的任山河战斗，正面中央刻着"革命烈士永垂不朽"八个毛体的红色大字，碑阴铭刻着中国人民解放军原六十四军军长曾思玉将军题词：左上方为"纪念任山河战斗"，中间为"正气留千古丹心照万年"。烈士纪念碑是那样的雄伟肃穆！如今在我们生活的这片土地上，也曾经有降临人间的天使，他们用宝贵的生命捍卫了解放宁夏人民的誓言，那就是一幅悲壮的历史画卷，解放宁夏第一战——任山河战役。战斗中有 364 名解放军指战员光荣牺牲，他们没有看到共和国成立的那个庄严时刻，甚至有 100 多名烈士连名字都没有留下。时光荏苒，岁月如歌，抚今追昔，砥砺前行，他们已在这里长眠了 68 个春秋。作为一名曾经的军人，我也献上了一个庄严的军礼，致敬这些在生死面前敢于迈出第一步的英雄们，让我们获得幸福的生活、自由与和平！

从清晨走到夜幕降临，孩子们的勇气战胜了恶劣的天气，战胜了艰难，用意志走完了这 108 里路，用脚步丈量了他们人生中的成长。作为家长，我们看着孩子疲惫的身影，心里隐隐作痛，但更多的是替孩子们感到高兴与欣慰，因为他们长大了，坚强了！这不正是我们每位家长教育和培养孩子的初衷吗？我们应该感谢学校和老师的担当，正因为有了这样的教育，孩子们才学会了坚持，学会了克服困难，学会了团结，也更加懂得今天来之不易的幸福生活是靠着千千万万前赴后继的英雄用鲜血和生命换来的。我相信这将是他们今后人生中一笔不可多得的精神财富，它将激励孩子们成为国家的栋梁之材，为我们祖国的繁荣昌盛贡献自己的一份力量！

摘自《2021 年任山河文集》 作者系 2020 级七年级（5）班姚伯亦爸爸

铭记历史记忆，传承红色精神

李建钧

"四月芳菲，乍暖还寒。春风拂处，飞花如酥。"在春日里开始踏寻先烈之旅，铭记历史记忆，传承红色精神。

——题记

2021年是中国共产党成立100周年，为追寻党的奋斗历程，铭记党的丰功伟绩，缅怀革命先烈，传承红色基因，增强广大青少年"听党话、跟党走"的责任和意识，培育和践行社会主义核心价值观，进一步激发全体师生爱党爱国热情，4月2日，固原市弘文中学七、八年级全体师生1400余人徒步108里前往任山河烈士陵园参加了以"奋斗百年路 启航新征程"为主题的清明节祭扫活动。

作为家长，我有幸陪同女儿一起前往烈士陵园，共同参加此次祭扫活动，心情十分激动。虽然阴雨绵绵，但孩子们并没有受天气的影响，一路上，歌声嘹亮，口号声铿锵有力。此情此景，不经意间，我便与孩子们产生了共鸣，红色革命精神涤荡着匆匆一路行人之灵魂。就连冰雹也来凑热闹，雨打在孩子们的雨衣上，好像在弹奏着乐曲为他们加油助威。

阴雨使原本满是尘土的道路变得泥泞不堪。脚踩在污泥上，立刻就陷了进去，走起路来可真是"浅一脚，深一脚"。平时看着娇生惯养的孩子在这一天仿佛长大了许多，一路上谁也没有叫苦喊累，一路向着烈士陵园前进。

"山重水复疑无路，柳暗花明又一村"，徒步的跋涉，模糊难分的汗与水，在至彼岸的那一刻喜笑颜开。

祭扫开始，孩子们表情凝重来到墓碑前，小心翼翼地擦拭墓碑上的尘土，恭恭敬敬地送上一束束鲜花。众多墓碑中，引人注目的便是那些无字碑，通过讲解员的讲解我们知道了那段血与火的历史，了解了那些雄与烈的风骨。埋葬在这里的 364 名解放军指战员的灵魂，震撼着在场的每一位陌生或熟悉的来客，这不仅仅是一种深深的感动，也是一种坚定的信念。

深深的鞠躬是对先烈们最高的崇敬和最深的悼念。祭扫结束，稍作休息我们便开始返程。回去的路由于众人踩踏，显得更加泥泞难走。加之雨雪交加，孩子们体力严重透支，但是他们仍然互相搀扶顶着风冒雪继续前进，没有一个人退缩，没有人选择坐跟在队伍后面的救援车。看到这一幕，我内心感到深深的震撼。现在的孩子在我们家长眼里就是温室里的花朵，经不起风吹雨打，但是今天孩子们的表现使我刮目相看。

通过此次短暂而有意义的红色教育活动，对于我和孩子们而言，一定会对现在美好的生活有更深的感悟，对今后的学习、成长和生活有更好的鼓励与启发。

回首百里壮行，历尽酸甜苦辣，缅怀革命英烈，感受刻骨铭心。看着眼前的孩子们，我不由得想起了 26 年前的自己，那时的我也是固原二中初一的学生，参加了学校组织的第一届任山河烈士陵园祭扫活动。相差甚微的时间，亘古不变的徒步 108 里，庄严的烈士陵园依旧缅怀着先烈。回想这么多年来，弘文中学一直把任山河烈士陵园作为学生爱国主义教育基地，每年清明节都组织七年级学生开展祭扫及缅怀革命烈士丰功伟绩的活动，至今已有 26 年了，学校已将此活动升格为学校的一门校本课程。

26 年来，学校师生走了一届又一届，唯一不变的就是每年一次的清明节徒步任山河烈士陵园扫墓祭奠、瞻仰英烈活动，这一去一回十多个小时 54 公里路程。26 年来，师生们走出了红色自信，传承了红色基因，培养了红色思想，让师生受到了革命英雄主义和爱国主义教育。

108 里路程，不一样的征程。壮行任山河，将是每个孩子受益一生、克服困难、健康成长的宝贵经历！

摘自《2021 年任山河文集》　作者系 2020 级七年级（6）班李雅洁爸爸

咏弘文中学徒步任山河活动

任清池

在固原，弘文中学师生每年清明节徒步 54 公里赴任山河缅怀革命先烈、践行爱国主义教育的光荣传统家喻户晓。今年，我们父子俩有幸一同参加了第 26 届徒步任山河烈士陵园实践教育活动，真正的一路艰辛，一路收获。是夜不寐，歌以咏之。

中华多奇志，弘文新风尚；

身体量百里，力行祭榜样。

山路风雪急，少年脚步忙；

龙头战歌起，龙尾和声亢。

泥水彻骨寒，荆棘刺痛伤；

前后挽手扶，左右环臂帮。

弱女乐辛苦，儿男笑担当；

但念长征苦，胸中斗志昂。

先烈百战死，人民得解放；

后人多勤学，发奋图国强。

摘自《2021 年任山河文集》　作者系 2020 级七年级（7）班任锡尧爸爸

风雨人生路

叶 永

2021 年清明前，固原弘文中学组织七、八年级学生徒步任山河烈士陵园进行祭扫活动，我有幸也参加了这项坚持了 26 年的活动。不光是因为学校组织的活动我会尽力配合，我还有一个目的，那就是为儿子树立一个榜样，这也算是有一些"私心"吧。

今年的清明节前细雨不断，更多的时候夹杂着小米粒大的春雪，打在人脸上极其的疼。天气也似乎知道，今天更需要摆出这样一副脸色来面对少年初成长的孩子们。

凌晨 5 点出发，近 1 公里长的队伍浩浩荡荡，井然有序地向任山河出发。恶劣的天气，泥泞的道路，都不能阻挡我们开始的一路欢快。各班用帽子把色调分得特别清楚，五颜六色的方队时而快，时而慢，时而不停地在泥泞的路上奔走。天气就像娃娃的脸阴晴不定，让原本泥泞的小路变成了雪山、草地的感觉。大家相互搀扶，加油打气，仅仅一段路程的时间，孩子们突然间长大了，不再矫情，也没有抱怨和放弃，更多的是相互的鼓励和帮助。原来成长在磨难中是有道理的。

庄严的任山河烈士陵园在经历了 6 个多小时的徒步后展现在了同学

们的面前，一个个肃然起敬的面孔显然掩盖了满是疲惫的状态，从列队扫墓到献上花篮，都显得那么严肃和认真，或许这就是对先烈们最好的祭奠吧。英雄们的事迹会影响他们去做一个爱国的人，做一个感恩的人，而徒步祭扫的经历会让他们明白团队的力量、集体的意识和不抛弃、不放弃的精神。

吃过简单的午饭，稍作休息后同学们开始返程。返回时的天气更加恶劣，再加上疲惫的身体，使得路途显得更加的漫长和遥远，能走下来的已经不是身体了，而是毅力，是坚持，是团队，是每一位同学不认输的精神。有同学形容："我们在融化了的巧克力中行走，每个人还提着两个鞋盒。"

最难坚持的是最后的十公里，很多老师和孩子们的脚底磨出了水疱，每走一步都显得那么艰难和痛苦，近在眼前的校门却怎么都走不到头。校领导让走不动的孩子上车，说这不丢人，可在孩子们的眼里，怎么能在最后的五分之一留下遗憾呢。晚上 8 点 30 分，终于在所有家长的夹道欢迎中，队伍依然整齐地走进了学校，完成了他们人生中第一次有意义的挑战。

鲜花、祝福、掌声、泪水，在到达目的地那这一刻，所有的心情就像决堤的水蹦了出来，感觉任何语言都显得那么苍白无力，他们需要的只是家长的一个拥抱而已。这次任山河之行，是学生们一辈子的记忆，更是一生的财富。有个老师说，今年的活动结束后，如果以后学习坚持不下来的时候，你就想想这次任山河之行，还有比这更难的事情吗？

传承了 26 载的活动，我更希望让孩子们懂得——没有比脚更长的路，没有比人更高的山。同时也希望他们能坚定信念："路漫漫其修远兮，吾将上下而求索。"感谢弘文中学为同学们组织的这次活动，让他们的成长多了浓墨重彩的一笔；感谢老师们的陪伴，你们不仅是孩子们的良师益友，更是他们的榜样；感谢那些志愿者和家长们，你们让孩子们看到什么是担当。

摘自《2021 年任山河文集》　作者系 2020 级七年级（8）班叶子瑜爸爸

最美人间四月天

刘永新

人间最美的四月，

弘文学子踏着清晨的小雨，

整装待发。

操场上飘舞的红旗，

同学们响亮的口号，

响彻整个山城固原。

任山河，我们来了！

长眠于地下的英烈，

请接受我们最真挚的瞻仰。

出发的号角吹响，

一路泥泞，一路风雪，

崎岖的山路阻止不了我们前进的步伐。

漫天飞雪，

红旗依然迎风招展，

我们脸上的喜悦，

恰是漫山遍野怒放的桃花。

寒风凛冽，

吹不散我们内心的火热，

此时的风雪看起来那么苍白又无力。

陷在泥里的鞋子，

冻得发紫的小手，

沾满泥巴的裤腿，

书包上落着的雪花，身后留下的脚印，

如一幅刚毅的画卷。

近了……近了……

我们的脸上洋溢着胜利的笑容。

英雄纪念碑庄严地屹立在翠绿的柏树林中，

淅淅沥沥的小雨洗刷掉您身上的尘埃。

一排排烈士的墓碑，

就那样静静地躺在那里，

我们站在您的面前，

轻放一朵盛开的黄菊，

默默地站在您面前，

用心聆听一个个可歌可泣的故事。

长眠于地下的英烈，

山河无恙，人间皆安。

归途是艰辛的，

我们再次启程，

累了，就相互搀扶着，

困了，就喊着口号，

可博雅十班的班旗从未倒下。

看到路过的（狗熊车），

每个同学眼睛里都有不同的语言。

勇敢坚强的博雅十班，

在暮色中归来，

迎接我们的是鲜花，掌声，还有父母心疼的泪水，

一路风雨，见证了我们的勇敢和坚强。

今天走的路，将会让我们用一生去体会和感悟。

博雅十班，

五十三人，

用时十五小时，

徒步一百零八里瞻仰先烈，

传承弘文精神，

奋发图强，

报效祖国！

摘自《2021 年任山河文集》　作者系 2020 级七年级（10）班刘天骐爸爸

难忘的征程

成燕红

回首百里壮行，历经酸甜苦辣，缅怀革命英烈，感受刻骨铭心。

2021年4月2日，我有幸作为家长陪同弘文学子们一起参加第26次徒步任山河活动。天刚蒙蒙亮，雨雪交加，弘文中学的师生随着蓝天救援队整装出发。漫漫的108里，注定不会平凡，不会轻松。由于这次天气异常，走的又是崎岖的山路，对每一位同学来说，都是对体力、耐力和毅力的极限挑战。更是战胜困难，超越自我，勇攀高峰的人生感悟。

在去任山河之前，学校作了大量的准备工作。可是天公不作美，一会儿雪，一会儿雨。山路越发的艰险，孩子们的裤腿全湿了，鞋子陷进泥里拔不出来，有的孩子脚都磨破了。但这些"小战士"们，仍然士气高涨，笑着，唱着，互相鼓励，互相搀扶，一步一步在泥泞中艰难地行走着。看着同学们疲惫的身影，我忍不住想让几个同学和女儿上车，可他们却依然强挤着笑容，告诉我他们并不累，还问我怎么样。我的眼眶里氤氲了雾气，变得湿润起来。我笑着告诉她们，我也不累，并夸他们都是"小英雄"，希望他们可以坚持走下去。他们天真地笑着对我点了点头。此时我终于深深地明白：泥土可以阻挡他们前进的步伐，但阻挡不住的是他们炽热的内心和对先烈们的敬畏。

在连续翻过了两座山之后，孩子们终于来到了烈士陵园，看着他们脸上那庄严的神情，我的心里不由充满了欣慰。看着这一个个墓碑，我的神情也不由自主地严肃起来。墓碑经过雨水的擦拭，变得那么明亮，看着这些墓碑上，我仿佛也回到了过去的长征时期，看见了被红军们用脚征服的一座座山，以及他们踏出的一个个满是泥印的脚步。想来比起红军们的辛苦，这点路程还真是自愧不如。休息片刻后，我们又开始了返程之路。

返程的路途还是无比艰辛，但同学们的步伐依旧没有停止。翻过了一座又一座的山，越过了一道又一道的岭，天黑之后，我们终于到达了终点。"长征"总算胜利了！

抵达学校后，我看着孩子们疲惫不堪的样子，心里既高兴又心疼，但更多的是自豪。令我自豪的不仅仅是那些革命烈士，还有孩子们团结互助的精神。回家的路上，我问女儿："你有想过放弃吗？"她转向我露出了一个天真的微笑，对我说："妈妈，革命烈士们也没有想过放弃，我又怎么能停下步伐呢？"我的眼眶再一次湿润了，是啊，奋斗的步伐永远不能停止！

这次活动让我看到了太多，也感受到了太多。我相信这108里路都闯过去了，在今后的道路上他们遇到任何困难都会勇敢地去面对，去克服，那些黯然的泥土中一定会氤氲香气！

摘自《2021年任山河文集》　作者系2020级七年级（12）班李娜妈妈

种　子

刘维国

2023 年 4 月 1 日，山城固原，春寒料峭，乍暖还寒。无论天气多么寒冷，都抵挡不住春的苏醒，更阻止不了固原弘文中学一年一度的七年级学生徒步百里赴任山河祭奠英烈的脚步。这项坚持了 27 年的红色之约如期进行。因为女儿，这一次我不再是一名旁观者，而成为了参与者、亲历者，用自己的脚步和孩子们一起丈量了这 108 里路。

凌晨 5 时 10 分，伴随着校领导的一声"出发"，2300 多名弘文学子，在晨灯的辉映下，在家长的欢送中，浩浩荡荡，踏上征途。夜，像一幅淡青色的幕布罩住了前行的山壑沟渠。也许是寂静没有干扰，也许是出发时的兴奋，伴随着那响亮的口号和悠扬的歌声，孩子们急速行军。途中休整时刻，听到他们聚在一起津津有味地讲着任山河战役，讲着红军长征过固原的故事，看来他们事先已经做足了功课。没有叫苦，没有喊累，在一声声"加油"中，5 个小时刚过，孩子们比预期时间提前到达目的地。

任山河烈士陵园里英雄纪念碑高高耸立，这里长眠着 364 名英烈。伴随着庄严肃穆的音乐，同学们排着整齐的队伍，走到一个个墓碑前，献上小白花，轻轻地擦拭着眼前的墓碑。回家后，女儿告诉我，当献上花的那一刻，她想哭。我问为什么？她说，说不出来原因，也许是激动，也许是崇敬，也许是感恩……我告诉她要铭记那一刻。

午后出现了短暂的春日暖阳，气温的升高为返程带来了一定的困难。行进不到一半的时候，孩子们的体力逐渐透支，已经没有了来时的意气风发和豪言壮语。他们有的大汗淋漓，头发衣服湿透；有的脚底起泡，疼痛难忍；有的腿脚发麻，倍感无力。而这时，一幕幕感人的场景出现了，"把手伸过来，我拉你"，"把你的书包取下来，我帮你背"，"走，咱俩去扶她吧"……你搀我，我扶你，互相加油的声音此起彼伏，他们不放弃，不抛弃。迎着旗帜，孩子们艰难地迈开脚步，一步一步向前，一座座山，一道道梁，一个个山沟，最终都被抛在了身后。

习近平总书记说：每一代人有每一代人的长征路，每一代人都要走好自己的长征路。孩子们用自己稚嫩的脚步坚持走完了这108里路，这不是一次简单的行程，而是一次体力与意志的考验。

这一路有歌声、笑声，这一路有汗水、泪水，这一路有团结互助，这一路有坚持奋进，这一路更有成长和收获。这一路给予孩子们坚持的力量，这一路在每个孩子心中播撒下信仰的种子，相信在他们未来的人生中，这颗种子必将不断生根发芽，最终成长为参天大树！

摘自《2023年任山河文集》 作者系2022级七年级（2）班刘卓轩爸爸

四海英魂壮山河，缅怀砥今沃中华

杨　琼

　　2023 年 4 月 1 日凌晨 5 时 10 分，春寒料峭，乍暖还寒，弘文中学一千多名师生在清明节到来之际，徒步 54 公里崎岖的山路前往任山河烈士陵园，祭奠缅怀曾在任山河战役中壮烈牺牲的 364 名解放军指战员。作为一名家长，我有幸参加了这次刻骨铭心的"红色之旅"思政课。

　　为了本次活动的顺利进行，弘文中学作了周密细致的安排部署，老师全程陪伴前行，蓝天救援队与家长们用实际行动全力保障安全和后勤，公安民警更是一路为孩子们保驾护航。每一张面孔都是那样的暖心，每一个眼神又是如此的坚定，拂面的春风中夹杂着少年的意气风发。

　　星光点点缀于天际，清冷的月光铺满这里的沟沟壑壑和每一寸土地，在万籁俱寂的清晨，黄峁山的山间小道却亮起了点点"灯光"，那是朔风中一面面高举的红旗，那是老师为同学们点燃的希望之光，是同学们一声声铿锵有力的口号与心中坚定的信念，照亮了暗夜中行走在崎岖山路上的一群风华少年前行的道路。

　　天色逐渐明朗，晨雾尚未完全散去，蜿蜒的山路上，鲜艳的校旗、班旗迎风招展，长长的扫墓大军宛若巨龙盘旋于山腰，甚是壮观。

随着山坡的逐渐变陡，强烈的集体荣誉感与团队精神在此刻彰显无遗。冻红的脸颊，酸痛的腿脚，面对如潮水般袭来的阵阵疲劳时，有体弱者慢慢开始跟不上大部队，马上有帮忙背包的，互相搀扶的……鼓励的话语、此起彼伏的"加油"声和嘹亮的军歌声在山谷回荡。

经过近六个小时的长途跋涉，当"任山河烈士陵园"几个大字映入眼帘时，同学们红透的脸颊上浮现出了欣慰的笑容。我想，那一刻，所有人的心中定然是万分激动！

当师生们肃立在革命烈士纪念碑前时，"革命烈士永垂不朽"这八个炽热的大字震撼着在场的每一个人。在那艰苦卓绝的革命岁月中，无数与同学们年纪相仿的解放军战士走过了二万五千里的长征，为了拯救千千万万水深火热中的劳苦大众，与反动派浴血搏杀，献出了他们宝贵的青春和生命。

今天的你们沐浴在和平岁月的暖阳里，而那些峥嵘岁月中牺牲的年轻战士却没能看到新中国的解放，便长眠在这浴血战斗过的地方。

轻轻地拭去墓碑上的浮尘，献上洁白的花篮，"感党恩，听党话，跟党走……"一句句铿锵的誓言是你们面对先烈们最郑重的承诺！

归去时，日光炙烤大地，返程的路途似乎更为艰难。经过长时间的跋涉后，同学们的疲惫显而易见，可是没有一个人选择退缩。看着你们拄着树枝，一瘸一拐、相互搀扶着前行的背影，我的心中感慨万千，深深地为弘文中学这些坚强、互爱的老师和同学们而震撼。梁启超先生曾言，"故今日之责任，不在他人，而全在我少年……少年强则国强，少年进步则国进步"。是你们用实际行动为我们诠释了新一代中国少年的责任与担当，在艰难险阻面前，同学们做到了无畏，做到了坚持，做到了"不忘初心使命，重走新的长征路"，更做到了"传承红色基因，赓续红色血脉"！

"大风泱泱，大潮滂滂，洪水图腾蛟龙，烈火涅槃凤凰。"漫漫历史中，正因为有无数为国家挥洒热血的有志青年才换来了今日的安宁。何其有幸，今天的你们欣逢盛世当不负盛世，今天的你们用稚嫩的腿脚丈量了108里山路的长度，明天更需要用坚定的信念与顽强的意志去挑战人生旅程中的种种艰难险阻。这108里山路所代表的不仅仅是一个数字，而是一种热血、一种无悔，更是一种团结友爱力量的见证。功不唐捐，玉汝于成，时光不负追梦人，若干年后，当你们再次回忆起这次壮行，一定会为弘文学子的自信与勇毅而自豪，更为自己的笃定前行而感到无怨无悔！

"唯希望也，故进取"，春光正好，岁月芳华，铭记先烈，不负期盼，弘文少年扬帆远征，正当其时！

摘自《2023年任山河文集》 作者系2022级七年级（4）班刘思延妈妈

记任山河之行有感

金美玲

2023 年 4 月 1 日是我人生中最难忘的一天。我有幸参加了弘文中学第 27 次任山河祭奠逝者、缅怀先烈的扫墓活动。作为家长，亲历路程之长和艰难险阻，目睹了孩子们顽强拼搏、不言放弃的精神，让我很震撼，深深地感受到这是一堂"行走的思政课"。

祭先烈长思念

"哪有什么岁月静好，只是有人替你们负重前行罢了。"当孩子们手捧白花告慰已故的英雄，用纸巾轻轻拂去英雄墓碑上的一些灰尘时，一定能感受到烈士们的伟大与不怕死的大无畏精神。他们也是父母的心头肉，大多数也是十几岁的孩子。这些英雄生命的付出，是为了让我们的社会更美好，为了人民能过上安稳幸福的生活。我们用这种最简单纯洁的方式寄托对逝去的英雄的哀思和敬畏。只有亲历了，才能体会到和平岁月的来之不易，不忘初心、牢记使命！

你们长大了

作为一名家长，我担心你们走不下来，毕竟在父母的眼中你们只是一个个十二三岁的孩子。看着这些稚嫩的脸庞，我坚定地跟在七（5）班队伍的后面。看到弯弯绕绕的道路，我的眉头皱得更紧了。记得有位家长在爬陡坡时说："爬过24个弯道就到山顶了，过了山顶就是平坦的路了。"我心里五味杂陈，但看着孩子们脸上的自信、脚下坚定的步伐，你搀我扶，一个都不落下，时不时还来句"五班加油，坚持就是胜利"的状态，我感到很欣慰。在山顶休息时，看到孩子们你说我笑的不怕苦累和持之以恒的精神，我真正感受到他们长大了。

父母心中的英雄

随着夜幕降临，这些小英雄荣胜归来。当走进市内，百姓们站在道路两旁，掌声不断，加油声不断。还有武警战士，十米一个排着队，敲着锣，打着鼓，敬着最崇高的军礼欢迎学生们胜利归来。孩子们的脚下虽然沉重，但步伐加快了，口号声不断：五班，加油！五班，加油……他们坚定的步伐和嘹亮的口号告诉我们，108里我们走下来了，我们战胜了它！今晚八点，你们是固原人民心中最闪亮的星星，你们用小小的身躯证明你们能行，坚持就是胜利！你们是父母心中的英雄，是弘文学校的骄傲，是国家的少年栋梁！

这次任山河之行，孩子们用自己的亲身经历告诉我们家长他们长大了，他们已经在自己初中生涯的起步阶段画出了一个完美的开端。我坚信，以这次活动为积淀，以后不论遇到什么困难，他们都将勇往直前。

同学们，108 里你们都漂亮地完成了，小小的困难会怕吗？

感谢学校能为孩子们举办这么有意义的扫墓活动，这将会影响他们一生，真是让人一辈子都怀念的"行走的思政课"！

摘自《2023 年任山河文集》 作者系 2022 级七年级（5）班海晓伟妈妈

赓续红色精神，爱在活动中

马振凤

任山河之行已过去十日有余，今日看到一段访问任山河之行活动发起人韩宏老校长的直播视频，再次勾起我的思绪……4月1日的点点滴滴，历历在目，除了感动还是感动……

感动于孩子们面对困难时表现出来的坚强意志。王晨瑶穿了一双不合适的鞋子，返程时脚上已经磨了好几个泡。她脚上的泡已经烂掉，创可贴都覆盖不了创伤面，走路时明显看到她的脚是缩着弓起来的，在家长志愿者的搀扶下艰难地移动。我们多次劝说她实在不能走就坐车吧，这个倔强的女孩总是坚定地摇摇头，表示她可以，她还能坚持……海欣的脚扭伤了，也开始掉在了队伍的后面，一个又一个的蓝天救援队队员经过她的身边都劝她去坐车，可她总是在原地站着休息一会儿又继续前行，走走停停，停停走走。直到一个蓝天救援队队员勒令她一定要去坐车，因为已经明显看到她的脚有些变形。曹睿琪也是在同学的帮助下艰难前行，在看到爸爸那一刻她哭了，她完全可以坐上爸爸的车得到片刻休息，可她依然踩着伤脚艰难前行。一路状态超好，笑嘻嘻的小路佳颖直到见到妈妈的那一刻，实在扛不住绷不住了，哭着趴在妈妈的怀里。还有好几个小姑娘走到黄茆山时已经泪眼汪汪，可她们依然带着泪眼走完全程。十二三岁的小孩子，哪一个能很轻松地走完全程？只不过他们都将眼泪咽到肚里，将痛苦埋在心底，表现出来的只有坚强！

感动于孩子们浓烈的集体荣誉感。王晨瑶、海欣为什么不上车，孩子们为什么哭着也要走完全程，除了自身的坚毅还有浓烈的集体荣誉感。不能给班级丢脸！不可以扣班级量化分！再苦再累也要咬牙坚持！校领导批评班级纪律松散时，孩子们眼里憋着泪，神情黯然，他们觉得委屈，他们都全身心地尽力了，他们也拼命了，所做的一切努力只为"勤思六班"四个字。为了这四个字，大家咬牙坚持，不让一个人掉队。夜幕降临，孩子们的体力已达至极限，伤痛已由脚底蔓延到全身，可听到"勤思六班"四个字，大家的斗志又被激起，步伐坚定，队列整齐，以雄赳赳气昂昂的姿势展现勤思六班的风采。

感动于孩子们金子一般的心。小小少年们的这颗金子般的心不仅有对祖国的热爱，更有对烈士的崇敬；不仅有对集体的维护，更有对同学的友爱；不仅有对家长的感恩，更有对老师的疼爱。请允许我用"疼爱"这个词，孩子们坚持努力追赶，是因为担心身体不适的马老师为他们操太多的心。听到校领导的批评，孩子们首先想到的是马老师会不会为此受批评，而他们受些委屈无所谓。这不是疼爱又是什么？返程时，孩子们你搀我扶，你拉我拽，那定格瞬间像极了红军长征的雕塑，友爱互助之情在这些孩子身上展现得淋漓尽致。

感动于老师对学生深厚的责任心。师者，传道授业解惑也，什么时候又多了"责任"二字？马老师有孕在身，但4月1日这一天也走了2万8000步。学校又有多少像马老师一样责任心强的好老师跟着学生走完全程，甚至在这28年间陪走了多少届！108里，10万步，这对于一个每天能走1万步就被点赞的成年人也是个不小的挑战。是什么让他们坚持下来？我想就是"责任"二字。

感动于家长的大爱之心。每个班仅有8个家长跟队，可这8个家长心里装的不是自家孩子，而是勤思六班56个孩子，甚至是走任山河的2000多名孩子。和我一起返程的4位家长，我自始至终都不知道他们的孩子是哪一个，他们搀扶帮助的永远是别人家的孩子，顶多目光在自家孩子身上多停留几秒。丁涵朝的爸爸一路背着五六个书包搀扶孩子前行，夜幕降临时，我才知道原来他的孩子就是那个严重缺钙、举步维艰的大个子。队伍行进到黄崮山下，众多的家长志愿者站在路边为孩子们呐喊助威，他们的口号不仅针对有自家孩子的班级，而是对每一个走过的队列。刘敏妈妈和张智轩妈妈冲进队伍，从孩子们身上抢下好几个书包。她们心疼每一个坚持走下来的孩子，愿意尽自己最大能力为他们减负。

感动于社会上所有爱心人士及武警官兵对本次活动的大力支持。真的有幸跟了返程，才见识了什么叫患难见真情，什么是人民子弟兵。俯视黄崮山，一条长长的蓝色队伍正蜿蜒前行。山间的蓝映衬着早春的绿，深蓝是学生，亮蓝是救援队。救援队队员小跑穿梭于每一个队列，帮助每一个需要帮助的人。从清水河工业园区到南城路3000米的距离，士兵们用军礼向2000多名孩子表达他们的敬意。爱心家长沿途送水送食物送花，呐喊助威拉横幅，热情高涨的口号犹在耳边回荡。

太多的感动，太多的真情……今生难忘！

韩宏老校长说起这个活动的初衷，是想让孩子们记住我们的美好生活是这些烈士的牺牲换取的，我们要珍惜，我们更要学会吃苦。只有能吃苦，才能尝到甜。

　　季子涵身体弱小，可他不光走完全程更是在途中搀扶帮助同学，背着4个书包前进。我告诉他，为什么这108里对他来说并不太难，因为他把今天要吃的苦都分摊到了以前的锻炼中。因为学街舞，有时要练习五六个小时，每次都是汗流浃背。6年的锻炼，6年的汗水，才换来了今天108里的相对轻松。跳舞如此，学习如此，生活亦如此。早吃苦，吃小苦，最终才不至于吃大苦。每天一点苦便不觉得苦，如果累积到一起那才是苦不堪言啊！

　　这个活动之所以能坚持28年，孩子们之所以能坚持走完全程，团队的力量不可小觑。团队意识和团队精神在孩子们心中生根发芽，在他们的漫漫人生路中将起到很好的辅助作用。

　　任山河之行会让每一个参与其中的人铭记一生，从活动中收获满满的正能量。为活动点赞，为孩子们点赞，为老师和学校点赞，也为自己点赞！

　　摘自《2023年任山河文集》　作者系2022级七年级（6）班季子涵妈妈

亲子徒步任山河

清晓霞

小学时候，爸爸和老师常给我讲红军爬雪山、过草地的故事，让我懂得什么是艰难困苦，但我的理解只是停留在字面上的意思。初中时，班主任老师给我们讲长征精神，讲红军克服的种种困难和压力。今天我陪同孩子徒步走这 108 里，一路上我感受到老师和同学们的互相关爱，让我懂得坚持不懈的意义。2023 年 4 月 1 日这一天，弘文中学迎来了第 27 次百里壮行任山河，我有幸成为家长志愿者参加了这次爱国主义教育活动课。

清晨 5 点，很多家长已来到学校门口。大路边，家长们拉起写着鼓励孩子们的话语的横幅，列队等候欢送孩子们出发。爱国情怀在心里，旗手举着高高的红旗，脚下沙沙的声音让孩子们心潮澎湃。有些家长不能与孩子同行，但依然在路边迎送我们出发，仿佛想把自己的关怀和鼓励带给孩子，欢送孩子出征。万里"长征"路，尽在脚下。

今天，我体验了红军的长征路——任山河之行。108 里路，似乎没有尽头，翻过一座山，又有一座山；越过一道岭，又有一道岭。脚也疼过，腿也痛过，心也凉过，但是，我们从未放弃。终于到了任山河，我满身的疼痛全然消失，只怀有崇敬之情，仰望着高高的烈士纪念碑，上面有八个苍劲的大字——革命烈士永垂不朽！我心潮澎湃，这些烈士十分年轻，比孩子们大不了几岁，他们没有看到新中国成立，就长眠地下了，他们是不幸的，但也是光荣的！哀乐响起，我的心情更加沉重，眼前浮现出战士们血战的场面。我的眼泪流了出来，害羞得怕别人看到，便偷偷地抹去了。孩子们同样怀着沉重而崇敬的心情，让我热泪盈眶，只能低下头沉思和怀念。

接下来孩子们要返程了，其实他们早都累得想停下来歇歇，可惜，时间是不允许的，只好排着整齐的队伍踏上前进的路程。有几个孩子早已经一瘸一拐，我劝他们上车，路还很远。孩子们边走边犹豫，上还是不上？孩子们觉得丢人，我说这不算丢人。可是，孩子们说一大半的路都走过了，再坚持一下。上了车，岂不是终生遗憾吗？于是有几个孩子坚持走了下来。一路我给孩子们打气，其实这时我的脚连知觉都没有了，不光是我，所有人都这样。大家咬牙坚持，只有一张张苦闷共存的脸，没有退缩，只有一个个深深的脚印。天快黑了，路也越短了。那钻心般的疼痛，仿佛利剑般刺痛着希望的动力，但是，我们有一个信念——终点就在眼前！

天黑了，我们终于回来了，欢迎我们的队伍锣鼓喧天。路边，军人和百姓，以及校门旁的家长鼓起了掌，放起了烟花。我哭了，没有哪一次的成功让我如此激动，只有这次，让我体会到坚持就是胜利，团结就是力量。想起任山河的烈士们，他们为了新中国，为了解放宁夏，为了人民的幸福，不惜牺牲生命，抛头颅，洒热血。再想想红军长征，那可是二万五千里的路，比起他们，我们真不值一提。

通过这次徒步陪同孩子们进行"小长征"，不仅我体会到，孩子们也明白了一个道理：没有比脚更长的路，没有比人更高的山。以后，无论遇到什么困难，我都可以自豪地说："108 里我都闯过去了，这点困难算什么？"

孩子们，学习的苦算不上什么，只要努力奋发图强，就能成为对国家有用的人才。

摘自《2023 年任山河文集》 作者系 2022 级七年级（9）班蒋乐华妈妈

百里壮行祭英烈，砥砺前行做栋梁

刘　鹏

2023 年 4 月 1 日凌晨 4 时 30 分，伴随着莘莘学子嘹亮的歌声，弘文中学 1400 多名师生整队集合完毕。青少年们在交警同志的引领和蓝天救援队的陪同护送下，徒步向固原市彭阳县任山河烈士陵园进发，为安葬在那里的 391 名烈士进行祭扫、敬献花圈。作为此次护送队伍中的一员，孩子们勇敢和坚强的步伐令我动容。

108 里徒步任山河，是希望，是动力。青山处处埋忠骨，后辈岂可忘忧国。

在这个寻常的日子里，这段 108 里的征程，让寻常变得不寻常。作为一名学生家长，我见证了他们凌晨出发、深夜回家；见证了他们爬坡过坎，翻山越岭，徒步 108 里；见证了他们相互鼓励，互相搀扶，一步一个脚印。途中虽有学生呕吐，崴脚，哭泣……但始终无一人掉队。他们用脚步丈量革命道路的艰辛，身体力行感受革命精神，我相信这场"征途"不仅会成为他们青春里无法磨灭的记忆，更会成为他们与历史的连接，让他们明白现在的幸福生活来之不易。

108 里徒步任山河，是热血，是信仰。少年的茁壮成长，离不开英雄先烈的奋勇杀敌；人民的幸福安宁，离不开英雄先辈的抛肝沥胆；祖国的繁荣富强，离不开革命先烈的忠骨深埋。习近平总书记说过："我们一定要牢记革命先辈为中国革命事业付出的鲜血和生命，牢记新中国来之不易。创业难，守业更难。广大党员、干部和人民群众要很好学习了解党史、新中国史，守住党领导人民创立的社会主义伟大事业，世世代代传承下去。"所以，作为一名共产党员，徒步16个小时，参加弘文中学第27次任山河烈士陵园扫墓活动，这既是祭奠先烈，寄托哀思，也是洗涤精神，净化心灵。在和平环境中，作为党员，我们更应该在各自的岗位上走在前列，保持共产党员先进性和纯洁性，守好祖国美好山河。

108里徒步任山河，是回忆，是传承。74年前，解放军指战员迎着雨雪冰雹，顶着枪林弹雨，用刺刀挖战壕，与敌人英勇战斗，最终364名革命英烈长眠于任山河。作为一名退伍军人，对我而言，他们既是我的前辈，我的战友，也是我的榜样。他们浴血奋战，冲锋陷阵，打响了"解放宁夏第一仗"。74年后的今天，当我徒步翻山越岭抵达任山河烈士陵园之时，那深埋于心底的崇拜和敬仰之情顿时油然而生。作为一名光荣的退伍军人，我自当继承革命先烈遗志，汲取奋进力量，奋勇向前，做好身边的每件小事，在岗位上和生活中不断奉献自己的力量，脚踏实地，勇挑重担。

时间在流逝，信念未曾更改。看着面前的一排排先烈墓碑，我思绪万千。先烈们为了民族解放用血肉之躯献出了宝贵的生命，永远长眠于此，这怎么能不令人肃然起敬！如今和平的环境为我们提供了学技能、长知识，为祖国奉献的机会。作为一名学生家长，我会用心培养下一代，帮助他们成长，待他们长大成人后继续为祖国的繁荣富强发光发热；作为一名党员，我会充分发挥先锋模范作用，在新征程上勇毅笃行；作为一名肩负时代使命的退伍军人，我会继承先辈使命，为祖国发展和家乡建设守护美好明天。

摘自《2023 年任山河文集》　作者系 2022 级八年级（9）班刘志远爸爸

2014 年历久弥新的德育实践课

闵　祥　李昌林

清明节是我国传统的民间祭祀节日，人们以不同的祭奠方式表达着对逝者的怀念。而每年清明节，弘文中学都要组织七年级师生徒步往返108 里到任山河烈士陵园开展扫墓活动，至今已有 20 年历史且从未间断。年年岁岁花相似，岁岁年年人不同。虽说多年坚持此项活动，大致情形亦然，但随着社会的发展和时代的变化，此举则更显历久弥新。

2014 年清明节前的 4 月 3 日，我校新一届学生 883 人又一次圆满完成任山河烈士陵园扫墓活动。

凌晨 5 时 30 分，扫墓队伍统一从学校出发，全体师生满怀信心、充满激情地迈着坚定的步伐，踏上 108 里的漫漫"长征"路。11 时 30 分到达烈士陵园后，举行了隆重的祭奠仪式和扫墓活动。学生向革命烈士敬献花圈，教师代表和学生代表分别发言；与此同时全体学生还聆听了革命传统教育的演讲和报告，并在纪念碑前举行了庄严的宣誓仪式。在烈士墓前，学生们小心翼翼地清理着每一座墓碑周围的杂物，献上一朵朵亲手制作的小白花，表达了对烈士的无尽怀念和无比崇敬，并表示要继承先烈遗志，为实现中华民族伟大复兴的中国梦贡献自己的力量。

下午 1 时踏上了归途，在历经近 14.5 个小时的长途跋涉和挑战后，全体师生于晚 8 时胜利返校。在校门口学生们受到了前来迎接的各位家长的热烈欢迎，掌声雷动，孩子们忘记了疲劳，忘记了脚底钻心的疼痛，口号声洪亮，步伐坚定，昂首挺胸，迈进学校大门，圆满完成了 108 里的徒步行程，谱写了学校德育工作的新篇章。

是什么原因让我们如此"大动干戈"地要开展这项活动呢？ 20 年前的一个震撼中国教育的案例让我们始终记忆犹新，那就是中国青少年发展研究中心副主任孙云晓先生当年所撰写的《夏令营中的较量》一文所告诉人们的。1992 年 8 月，百名中日孩子在内蒙古参加草原探险夏令营活动，较量中，中国孩子输给了日本孩子。短短的一次夏令营，暴露出中国孩子的许多弱点。文章说："这不得不令人反思我们培养目标与培养方式的问题。第一，同样是少年儿童组织，要培养的是什么？光讲大话空话行吗？每个民族都在培养后代，日本人特别重视生存状态和环境意识，培养孩子的能力和公德。我们呢？望子成龙，可是成什么龙？我们的爱心表现为让孩子免受苦，殊不知过多的呵护只能使他们失去生存能力……第二，同样是少年儿童组织，还面临一个怎样培养孩子的问题。是布道式的，还是野外磨炼的？敢不敢为此承担一些风险和责任？""是的，一切关心中国未来命运的人，都值得想一想，这个现实的矛盾说明了什么？"

文章反映的现状和提出的问题可谓振聋发聩，当年就掀起了全国的大讨论，人们开始认识到对孩子进行吃苦教育的重要性，开始创造机会让孩子接受实践磨炼，接受社会实践的教育，接受文化传统、革命传统的教育，接受大自然的洗礼，等等。在此形势下，我们学校坚定地迈出了探索步伐，自1995年开始，每年清明节，新一届学生徒步往返108里参加一次任山河烈士陵园扫墓活动，就成了一项必修课，并被坚持了下来。

然而，近年来，校园安全事故频发，全国教育安全形势严峻。教育管理中，安全问题大于天。一方面，我们要多出人才，出好人才，培养创新型人才，培养具备实践能力的人才；另一方面，我们时刻受到悬在头顶的"安全"之剑的威胁。而"安全"问题凸显之时，教育的现状则走向另一极端，教育者不敢越雷池一步，不敢"创新"，心安理得地故步自封，但最终受害的仍然是孩子，他们被固定在家庭—学校"两点一线"之间，甚至被圈在封闭式管理的学校里。这时期的学生，较之以前，"软骨病"不就更厉害了？"吃苦能力极差""团结协作意识不强""集体主义观念淡漠""自私、胆小、脆弱""不知好歹"等问题，成了舆论贴在当下孩子身上的标签。这怪谁？我们给孩子的成长提供了什么？我们为什么不给他们机会，不给他们更加全面发展的空间？

在这种形势下，我校没有被校园安全事故频发而"吓住"，国家强调教育的安全问题，这警醒我们把教育工作做得更细，让安全更有保障，让教育更有成效，但绝非停滞不前，故步自封。因此，我们不但没有把百里壮行任山河扫墓活动停下来，而是不断坚持，不断总结提升。

其实，这项活动能够安全有序开展，学校领导自始至终是高度重视的。学校制订了完整的活动方案，各部门分工明确，各负其责，通过班主任会、年级晨会、师生动员大会、各班主题班会、主题板报等不同形式进行广泛宣传，同时进行周密的部署和细致的安排，并且专门组织学生观看红军长征、解放战争特别是中国人民解放军解放宁夏的第一仗——任山河战斗的影像资料，使学生对相关的历史知识有一个比较全面的了解。同时还组织学生学唱革命歌曲，利用校本教材《永远的红飘带》《成长的足迹》《红色之旅》《百里壮行》等让学生阅读，学习任山河革命烈士的感人事迹，以此激发学生的爱国热情，增强学生挑战自我的勇气和决心。学校还特别召开隆重的动员大会和授旗仪式，印发《致家长的一封信》，征得家长的同意和鼎力支持。一系列充分的准备工作，为这支即将出发的"长征"队伍注入了强大的精神动力。

活动结束后，学校通过让学生撰写心得体会、汇编学生作品、制作活动光盘、撰写专题新闻报道等方式更进一步挖掘这项活动的教育意义，并利用周一晨会师生演讲、各班召开主题班会、年级评比、学校总结表彰等形式及时进行全面总结升华。

徒步 108 里前往任山河烈士陵园扫墓，这项活动经过 20 年的历练最终成为弘文中学历久弥新的德育实践必修课，其价值和意义究竟在哪里？为什么弘文人每年承担很大的安全责任却坚定不移地要做这件事？我们认为这项活动绝不是用一天时间走 108 里路那么简单，也不仅仅是一次平常的扫墓活动，而是给孩子们提供了一次难得的亲身体验和实践锻炼的机会。在此项活动中，一是让孩子们受到光荣的革命传统教育和爱国主义教育，二是徒步行走 108 里山路，让十二三岁的少年，以稚嫩的脚板丈量人生，既重温了长征精神，更接受了挑战，经受了考验，开阔了视野，思考了人生。三是让孩子们以实际行动践行社会主义核心价值观。活动过程中，处处可以看到同学之间、师生之间团结友爱、相互帮助的感人场面，感受到师生克服困难、挑战极限、战胜困难的勇气和决心。凭借着对教育的理解和怀着一颗爱孩子的赤子之心，我们更加坚信这项实践活动的价值。正如许多经历此事而难忘的弘文学子所言："腿疼不怕、风吹日晒不怕、饿肚子也不在话下，我们收获的是真情。我们知道了今天的幸福生活来之不易！走过那条路，我们才真正明白了奉献的含义，懂得了珍惜的意义；走过那条路，我们才真正理解了团结的力量，认识到坚持的价值；走过那条路，我们才真正体会到了集体的力量。如果问我们中学时代印象最深的事，那一定是百里壮行任山河。"

"108 里山路如果让我一个人独行，我连想都不敢想，但在班集体中我却坚持走完了全程。它使我第一次真正感受到了集体的力量，懂得了个人和集体的关系……"

"历经了艰苦的求学岁月，走上了工作岗位，但中学时代的那次任山河之行，令我受益匪浅，终生难忘。如果有机会，我会再走一次；如果有可能，我会让我的孩子也享有那样一次破茧成蝶的蜕变。每当我遇到困难时，就会想起当年征途中同学们互相鼓励、互相帮助、共同战胜困难的情景，如果没有那次活动的磨炼，我的人生之路不会如此绚丽……"

20 年来，这项活动的收获是沉甸甸的。作为弘文中学七年级新生必修的一次实践课，它在广大弘文学子的心中已经深深地扎下了根。我们没有理由不坚定不移地将它坚持下去，而且我们坚信，新的时代还会赋予它更新鲜、更深远的意义。

摘自《2014 年任山河文集》 作者系固原市弘文中学教师

祭奠，为了更好地前行

——第 25 次清明节任山河扫墓活动小结

仇　莉

2019 年 4 月 3 日，七年级全体师生 756 人（其中学生 700 人，教师 56 人）参加了以"青春心向党，建功新时代"为主题的第 25 次徒步 108 里前往任山河烈士陵园开展清明节扫墓活动。

2019 年，是我们伟大祖国 70 周年华诞，也是五四运动 100 周年，我们把这次清明节扫墓活动的圆满完成作为献礼！

基于历次任山河之行的经验，本次活动，年级组通过召开班主任会、年级晨会、师生动员大会、各班主题班会，学习《夏令营的较量》、组织学生观看往届任山河之行实况录像，介绍任山河战役等活动，充分激发了学生的爱国热情，增强了学生挑战自我的勇气和决心，各班的小组建设也得到了最大限度的发挥，小组分工、小组合作经历了一次重大的考验。全体师生对这次活动的高度重视，为本次活动顺利完成奠定了坚实的思想基础。

4 月 3 日凌晨 5 时，在邓校长动员讲话后，队伍从学校整装出发。

10时20分队伍到达任山河革命烈士陵园。在革命烈士陵园里，整个队伍庄严肃穆，全体师生举行了隆重的祭奠仪式，向革命烈士敬献花圈，教师、学生代表发言，学生宣誓，邓校长讲话，瞻仰烈士纪念碑，对当年为了解放宁夏而英勇牺牲的革命烈士表示沉痛的哀悼。12时30分从陵园出发返回，晚上6时50分到达学校，任校长总结讲话。历经13小时50分，756名师生安全、圆满地完成了本次任山河扫墓活动。

我想说本次活动，这108里路代表着一段用脚步和毅力丈量过的征途，它代表着挑战。但同学们何曾畏惧过挑战？蜿蜒的山道，大家用脚把它走直；区区山岭，大家的步伐把它踏平！这一路，同学们用青春、用信念告诉这青山、这松柏：我们能坚持，我们不放弃！

我想说本次活动，同学们充分发挥了小组的积极作用。将12个班级分解成96个小组，由小组长具体负责，不仅让原本庞大的班级队伍实现了精细化的组织，更通过这个过程锻炼了小组长的组织能力和责任意识。小组成员也在这一过程中变得更有凝聚力，真正懂得了团结互助，体验到了为同一个目标而共同努力的强大集体力量。全年级只有8位同学因体力不支没有走完全程，全班都走下来的班级有七（1）班、七（3）班、七（4）班、七（5）班、七（6）班、七（7）班、七（10）班、七（11）班。同学们能做得这么好，让我不由得相信，我们七年级全体同学组成的这支队伍，会把这种集体荣誉感和团队凝聚力作为动力，把吃苦耐劳坚持不懈作为目标，把不抛弃不放弃作为信念带入我们的生活和学习中，让它成为我们成长的一种习惯。这次祭奠活动，让同学们找到了一种强大的精神力量，这足以带领同学们在今后的道路上披荆斩棘，所向披靡！

我想说本次活动，我们的老师充分发挥了榜样示范作用，用我们的实际行动诠释了"以身作则"四个字。我们七年级教师这个团队不仅有杨亚荣、曹旸、王全、穆世英、刘守义、舒立园、刘勇、陆波、牛亚成、郅文洁10位陪伴学生走完全程的年轻老师；还有韩映安、朱丽媛、刘银娟、张慧婷、李小燕、刘彭媛、马海霞、屈品盈等虽没有走完全程，但在紧要关头和危险路段总有他们身影的老师；更有一路上陪我们走过艰难路段的各位校领导和随时拍摄我们行进过程的王毅老师。我相信，在以后的工作中，我们这个充满朝气的团队，不仅有年轻教师的谦虚好学，更有年长教师的率先垂范，这股团结向上的凝聚力会带领我们这个团队走得越来越好！这次祭奠活动，让我们感受到了来自老师的示范引领作用。榜样的力量是无穷的，老师们都能做到，我们有什么不行？

　　我想说本次活动，我们不是孤军作战，我们身后有着一支更为强大的后勤队伍。活动前一天，马占国主任、蒋增戟主任、姬小平老师、刘勇老师、陆波老师和后勤工作人员等9人，提前为同学们探路、清理路障，为本次活动的安全保驾护航。活动当天，各班家长委员会自发组织沿途车辆有序行走，有家长陪同学生一同走完全程，有家长和同学们一起清理现场垃圾，有家长帮助体弱的学生运送背包，还有家长沿途给同学们拉标语打气加油。蓝天救援队的30位同志义务为我们全程跟班，做同学们的安全屏障，一路上协助老师组织队伍，在行进中搀扶体力不支的学生，给予同学们鼓励与帮助。这次祭奠活动，让我们知道我们的征途一直都不是孤单一个人！

　　我还想说本次活动，红色革命精神的传承，必将为同学们今后的学习生活奠定坚实的精神基础，必将为同学们的一生留下最为美好的回忆和思考，必将成为同学们人生中最宝贵的精神财富！108 里，任山河之行，我们依旧会坚持，而且一定会常走常新，走出弘文人的精神，走出一条真正属于自己的路！这种精神将指引我们不忘初心，砥砺前行。

摘自《2019 年任山河文集》 作者系固原市弘文中学教师

108 里征途，那一道亮丽的风景

陈锡学

尊敬的各位老师，亲爱的同学们：

大家早上好！

今天我演讲的题目是《108 里征途，那一道亮丽的风景》。

2011 年 4 月 4 日星期二清晨 5 点 50 分，七年级 738 名同学和 42 名老师组成的我校第 17 次任山河之行的队伍从学校统一出发，冒着春寒，精神饱满，徒步踏上 108 里任山河的"长征"路。全年级师生同甘共苦，挑战极限，坚持到底，展一路雄风，于晚 8 点 15 分胜利返回，历时 14 小时 25 分，圆满完成了 108 里的徒步。其中有 720 名同学和 15 位老师坚持走完全程。在 108 里的征程中，我们这支队伍构成了一道亮丽的风景。正如任校长在队伍归来后总结的：这次 108 里壮行的队伍，表现出"两多""三少"。"两多"就是"队伍人数多"，"坚持走完全程的人数多"；"三少"即用时少，休息少，掉队和坐车人数少（也就是说我们准备的校车很遗憾没有同学乘坐，很多时候都是空空地跟在后面），这是一次创纪录的"红色之旅"。

在任山河革命烈士陵园里，整个队伍庄严肃穆，举行了隆重的祭奠仪式。向革命烈士敬献了花圈，瞻仰了烈士墓碑，对当年为了解放宁夏而英勇牺牲的 364 位革命烈士表示沉痛的哀悼、无尽的怀念和无比的崇敬；聆听了革命传统教育的演讲和报告。全体同学还在雄伟的革命烈士纪念碑前进行了庄严的宣誓仪式，慷慨豪迈的誓言响彻任山河，让山川为之动容，让天地为之增辉。

徒步 108 里的征程中，虽然寒气一路相袭，不见阳光，不见绿色，只见土山枯草，路途遥远而又坎坷，但全体师生无人叫苦，无人叫累。他们战寒风，斗艰难，挑战极限，真可谓一路豪歌一路情。我们看到了全体师生不怕吃苦、勇于挑战的革命精神，看到了同学们克服困难、战胜艰险的勇气和毅力，我们也看到了同学之间、师生之间相互帮助、团结友爱的感人场景。"我决不当逃兵"，"决不让一个同学掉队"，"老师，我们搀扶着您走"，是一路上大家说得最多的话。同学们咬牙坚持，互相之间扶着你，拉着他，递水背包，鼓励着，团结着，感动着，前进着。

凯旋之时，这支雄壮的队伍，口号声声，歌声阵阵，步伐整齐，精神饱满，深深吸引了沿途群众的视线。人们不时驻足赞叹，了不起，真了不起！面对这样一支胜利完成"红色之旅"的英雄队伍，迎接的家长和群众，掌声经久不息！

百里壮行，红色之旅，满载而归！

108 里，已成为弘文莘莘学子的一堂必修课；

108 里，同学们迈出了人生重要而有力的一步；

108 里，是对同学们的一次洗礼；

108 里，留给我们无穷的回味与思考；

108 里，又一次被稚嫩的脚板走成光辉的历程！

同学们，当我们回首中学时光的时候，我们会自豪地说："我做了，我走了，我成功了。"

17年前，二中人凭着对"教育的理解"开始了这项颇具争议的活动。时至今日，弘文人又以对"教育的执着"，怀着一颗"爱孩子"的赤子之心，把徒步任山河扫墓活动作为七年级新生必修实践课坚持下来，诠释着教育的真正内涵。

108里徒步行进，祭奠英烈，这样的挑战，我们十二三岁的少年尚且能够完成，那么人生征途中的困难和挫折能难住我们吗？我相信，我们一定是创造辉煌的一代，我们的理想一定能够实现！

最后，我代表年级管理者对校领导、七年级的全体师生表示衷心的感谢，特别感谢12位班主任老师，是你们构筑了坚强的12个堡垒。同时对负责班级的每一位老师说一声：你们辛苦了，是你们一起在为我们的年级添砖加瓦、增光添彩！

老师们，同学们，我们骄傲，我们自豪，我们在108里征途中展现的这一道亮丽的风景，是那样的感天动地！

摘自《2011年任山河文集》 作者系固原市弘文中学教师

社 会 篇

又是一年风起时

王筠淳

昨天我从朋友圈里看到校友们转发的《固原市弘文中学第27次任山河烈士陵园扫墓活动》视频，看完后心情久久不能平复，闭上眼睛仿佛耳边还回荡着一声声稚嫩而又振聋发聩的"精英二班！"……

时间拨回到十年前，对于活动的每一个细节我都记忆犹新。那时听说将要举行任山河徒步扫墓活动，年幼的我不知道108里路如何艰难险阻，心里只是充满了期待与好奇。开始的路总是轻松，拿着纸巾为烈士擦墓碑的时候，大家都被庄严肃穆的气氛感染，为烈士的事迹和精神而震撼和感动。而在陵园扫完墓短暂休整后才是真正困难的开始，我逐渐从班级中间走到班级最后面。回来的路上，马亮老师虽然一再问我身体情况以及需不需要坐车回去，但是我知道他其实期盼着我能坚持到底。意志力和疲惫到极致的身体拼命斗争，因为脚底全是水疱，我的步伐非常缓慢，马老师便从后面推着我走。大半的路程他都走在我身边给我加油打气。天色渐暗的时候我终于看见了学校，此时我和马老师脸上都洋溢着笑意。老师对我的帮助太多太多，以至于拿到奖状的那一刻我自己都恍惚地觉得自己不配，因为我知道这个荣誉有一半是马老师的功劳。

人生天地之间，若白驹过隙，忽然而已。而我也已经从那个被恩师推着走得畏首畏尾的小女孩，长成了自己向着未知世界昂首阔步的大人。二十多载，我参加过无数次活动，但始终没有哪次活动能让我如此记忆深刻。此后的学习、生活、职场中，每当我努力到"后半段路程"，心里总会想起那个偷偷抹泪、走到最后但步履不停的自己。攻克，拼搏，坚韧……任山河之行我学到了许多许多，但如果让我只能说出一个关键词，我想那一定是"感恩"。感恩国家，有了祖国的强大庇护，才有我们现在的不经战乱、不缺衣食，才让我们有机会接受到这么好的教育；感恩烈士，是他们无畏挡在我们身前的血肉之躯，让我们成长于一个和平的国度；感恩那些曾经把我举在肩膀上的巨人，是他们适时放在我背后的手，将我推向春暖花开、更加美好的世界。

此时在国家税务总局杨凌示范区税务局工作已快一年的我，还时常翻看每一届任山河扫墓活动的视频。看见朝气蓬勃的学弟学妹们，就好像看到了以前的自己。不论是雨雪交加山路难行时泥泞泞的裤腿，还是烈日炎炎风吹日晒下汗津津的小脸，弘文人那种不认输、不退缩、不放弃的精神总是让我动容。脚下的水疱会愈合，那张荣誉奖状会泛黄发旧，但能长存的便是这样的志气、骨气和底气，我想这才是弘文中学最想传递给我们的信念。精神的伟力，总能带来心灵的震撼；信仰的光芒，总能穿越时空的阻隔。无论将来我们成长为怎样的人，都不会忘记人生中有这样一堂特别的"思政课"。

摘自《2023 年任山河文集》

抚今追昔承遗志，永葆初心再出发

张　洁

一寸山河一寸血，十万青年十万军。当又一次看到弘文中学"初中生徒步54公里祭英烈"的视频在网上热传时，我的心中感慨万千。作为弘文中学的毕业生，13年前，也是在这样一个早晨，也是在这条通往任山河的山道上，我们2010级1000多名师生从凌晨五点出发，冒着雨雪，脚下踏着泥泞的道路，接受意志力和体力的双重考验，徒步前往任山河烈士陵园缅怀革命先烈。

13年后的今天，看到学弟学妹们再次用自己稚嫩的脚板丈量108里路，发扬了"万水千山只等闲"的长征精神和"敢教日月换新天"的斗争精神。路滑山陡，天寒地冻，2000多名师生竟然没有一人打退堂鼓，在徒步的过程中体味长征之艰辛、英雄之无畏，磨炼意志，砥砺品格，收获友谊，感受信念的力量，厚植爱国主义精神。母校这堂移动的思政实践课，一坚持就是整整27年。

如今我就职于国网固原供电公司，工作已经整整4个年头。在2023年清明节到来之际，为磨炼青年意志、坚定理想信念，我们公司团委组织团员青年从固原市区出发，徒步前往任山河革命烈士陵园，开展"缅怀革命先烈，坚定理想信念"主题团日活动，深刻缅怀为中国革命和宁夏解放而英勇献身的革命先烈们。

作为活动的组织者之一，我还是弘文中学的老毕业生，在听到可以再次徒步任山河的计划后，我的心中更是欢欣鼓舞、跃跃欲试。于是，在公司团委的带领下，3月31日清晨，我再次踏上前往任山河的征途。两次徒步，变化的是身旁同行的人，不变的是那颗致敬革命烈士、延续红色基因的坚定的心。一路上，队伍浩浩荡荡，红歌此起彼伏，摔倒了扶一把，走不动了拉一把，从沿途的欢声笑语到累得双脚麻木、一言不发，愈是步履维艰愈是锲而不舍，愈是疲惫不堪愈是百折不挠。征途漫漫，唯有坚定地走下去，方可不负母校的栽培、不负老校长的良苦用心。

追风赶月莫停留，平芜尽处是春山。经过长达6小时的跋涉，我们终于来到了苍松掩映庄严肃穆的任山河革命烈士陵园。面对着眼前高高矗立的烈士纪念碑，所有人肃然起敬，怀着崇敬的心情和对革命先烈无限的哀思鞠躬致敬。当庄严神圣的《国际歌》响起时，革命先烈们的伟大壮举仿佛就浮现在眼前，所有人心中都觉得这一路走来的艰辛全部都是值得的。随后大家井然有序地走到烈士墓碑前，敬献白花，轻轻拭去墓碑上的灰尘。这一幕就像是跨越时代的对话、震撼灵魂的亲密接触，是他们把生命定格在最应该绽放的年华，用血肉之躯筑起民族的脊梁，是他们将年轻的生命抛撒在这片山岭之上，长眠于黄土之下，他们没能亲眼看到新中国的成立，在这里度过了七十四载春秋。但愿朝阳常照我土，莫忘烈士鲜血满地。

青山肃立，绿水长歌。我们缅怀先烈，就是要继承和发扬他们对共产主义事业的坚定信念、对党无限忠诚的坚强党性、不畏强敌英勇奋斗的革命气概和为人民的利益不惜生命的崇高品德。

弘文中学清明节徒步百里祭英烈的活动始于 1995 年，首倡者是我们的老校长韩宏，至今已坚持了 27 年。对于我们这些曾经参与过的学生来说，这段征途不仅仅是我们青春无法磨灭的记忆，更在成人之后，每当遇到坎坷挫折，都能从中汲取源源不断的动力，是我们成长道路上不可取代的一笔财富。

历史代代相传，青春一脉相承。从母校毕业后，任山河精神一直在我心中扎根。今年是全面贯彻党的二十大精神的开局之年，党的二十大胜利召开擘画了以中国式现代化全面推进中华民族伟大复兴的宏伟蓝图，发出了以赶考之姿进军第二个百年奋斗目标的政治宣言，吹响了以团结奋斗建功新时代的冲锋号角，寄语广大青年要树立理想、敢于担当、能吃苦、肯奋斗。多年来，在国网固原供电公司团委的领导下，我们坚决用习近平新时代中国特色社会主义思想武装自己，自觉做"两个确立"的坚决拥护者、"两个维护"的坚定践行者，踊跃投身脱贫攻坚主战场，服务经济社会发展各领域，围绕优化营商环境、落实"宁电入湘"属地配合工作等主题开展志愿服务。特别是在三年抗疫中，我们固原供电青年们闻令而动，率先出列，深入重要政府单位、医疗机构、防疫站点开展志愿活动，涌现出一大批听党话、跟党走、扎根基层、服务群众的先进集体和个人，掀起了新时代优秀青年建设美丽家乡、助力乡村振兴的青春热潮。

红日初升，其道大光！新征程是充满光荣和梦想的远征，作为青年一代，我们将不忘昨天的苦难辉煌，无愧今天的担当使命，不负明天的伟大梦想。让我们高举习近平新时代中国特色社会主义思想伟大旗帜，牢记嘱托，勇毅前行，聚焦主责主业、履行基本职责、矢志担当作为，主动投身国网公司安全生产、优质服务、电网建设、电力保供、创新创效等重点任务中去，以坚定的信心、必胜的决心，为全面建设具有中国特色国际领先的能源互联网企业、高质量建设"现代双一流"展现更大作为，让青春在书写全面建设社会主义现代化美丽新宁夏的火热实践中绽放绚丽之花！

摘自《2023 年任山河文集》

启 示

——远足任山河之感

严 琪

清明那天，旭日露脸之时，我校初一年级同学及几位老师就已经步行在去往任山河烈士陵园的山间弯弯曲曲、坑坑洼洼的小道上。

来回百余里路是否吃得消还是个问号。许多家长的心吊在嗓子眼上。但是我们大多数同学回来了，而且是一步一步脚踏实地地步行回来的，他们战胜了自己，战胜了百余里路。在进入校门的时候，他们仍旧高唱革命歌曲，高喊口号。此时他们的心情多么激动。家长笑了，带着深厚的感情笑了，他们多么高兴，多么自豪。在喜悦之余，也有许多同学在自己的父母面前满脸泪水，诉说自己在路上的脆弱表现，对远足鸣不平。这使我陷入沉思……

小小的百里路，只有一天的路程。一天的路程都走不下来，都坚持不下来，可想而知，在今后几年、几十年乃至一辈子的人生路上怎能站稳脚跟？人生的道路是坎坷不平的，稍不留心就会栽跟头，有时跌倒了可以爬起来，有时就会一落千丈，粉身碎骨，永远也爬不起来。面对种种坎坷，若不从现在、从今天开始磨炼，怎能生存？而有的同学仍在沉睡，对摆在面前的艰险全然不知，只是沉浸在美好的童话中。想过没有，社会在飞速发展，每个人都有随时被淘汰的危险，都有被淘汰的可能。什么时候才能警醒？什么时候才能觉悟？难道难以挽回时才警醒吗？难道爬不起来才悔恨吗？难道走完了人生路才觉悟吗？

不，不能！祖国的未来在召唤，历史的重任已沉沉地压在我们肩上，我们再也不能沉睡了。为了民族的昌盛，为了祖国的繁荣，就从今天开始，从小事开始，在艰难中磨炼，在困苦中拼搏。在不久的将来，我们一定能把祖国建设成一个现代化的、兴旺富强的国家。

注：作者是我校参加第一次百里壮行任山河的学生，于 2000 年考入清华大学物理系。

摘自《2023 年任山河文集》

"行走的思政课"带来的启示

陈艺心

"那年，你14岁／花朵一样的年龄／喜欢做梦的年龄／你那稚气的面庞／可否承载起苦难的表情……今年，我也14岁／可我常躺在母亲怀里撒娇／有时也会流泪／那是因为与朋友们闹别扭／今天，我站在你的墓碑前／心头一阵阵猛烈的震颤……"

这些节选自《那年，你14岁》的诗句，是宁夏固原弘文中学（原固原二中初中部）一名初中生参加2005年"徒步任山河"活动后写下的，字里行间的情感令人动容。从1995年开始，每年清明节前夕，宁夏固原有一群师生擎起鲜红的旗帜，徒步前往任山河烈士陵园，祭奠长眠于此的300多名烈士。天还没亮，收拾行囊准备出发。翻山越岭，途中彼此搀扶，相互鼓励前行。到达烈士陵园，肃立默哀，擦拭墓碑、敬献鲜花。路途漫漫，用汗水书写青春，用心灵感悟历史，信仰的力量穿越时空，在青少年心中共鸣。

54公里的路程，10多个小时的行走，一堂"行走的思政课"，延续近30年。为什么要徒步往返，又靠什么坚持下来？问题的答案，在"这是对革命先烈的一种尊重"的回答中，也藏在参加活动的一届届学子写下的一篇篇文字里。把课堂从教室搬到户外，一步步走下去的旅程是"教师"，崎岖蜿蜒的山道变"教材"，这样一堂别开生面的大思政课，不仅给参与者留下终生难忘的回忆，也启发人们思考：怎样让思政课更加深入人心。

历史是最好的老师。作为我们党艰辛而辉煌奋斗历程的见证，红色资源是最宝贵的精神财富，蕴藏着丰富的育人素材和价值。红色文物可以穿越时空与今人对话。一座座革命纪念馆、烈士陵园里，珍藏着一段段波澜壮阔的红色历史、一个个震撼心灵的红色故事。深入挖掘并发挥好红色资源的铸魂育人功能，让革命文物"开口说话"、浸润人心，增强大思政课的感染力，有助于引导青少年扣好人生第一粒扣子，激发他们的爱国热情和奋斗豪情。

思政课的本质是讲道理。把道理讲深、讲透、讲活，离不开方式方法的探索创新。"纸上得来终觉浅"，学习书本知识很重要，但理论学习代替不了亲身实践，教师的引导也代替不了学生的思考。不论是固原"行走的思政课"，还是湖南大学马克思主义学院教师龙兵开设的"走着上的思政课"，都说明实践之于思政课的重要意义。引导青少年去切身体验、去辩证思考，这样得来的道理才更加深刻，这样树立的信念才更加坚定。把教室小课堂同社会大课堂结合起来，把理论和实践结合起来，大思政课才能更好地启智润心、铸魂育人。

近30年来，学生换了一茬又一茬，不少曾经参加"徒步任山河"活动的少年如今又以老师的身份，陪伴自己的学生重走这条路。"一棵树摇动另一棵树"，一代人影响下一代人，凸显了优秀思政课强大的生命力和影响力。期待更多高水平思政"金课"源源不断涌现，更有效引导青少年打好精神底色、夯实人生根基。

（2024年5月10日发表于《人民日报》）

坚持28年！
2000多学生徒步54公里，
只为一件事

4月1日，宁夏固原

2300多名中学师生

徒步往返108里路

赴彭阳县任山河烈士陵园

为安葬在这里的391名烈士

扫墓、敬献花圈，缅怀革命先烈

然后，他们再徒步回学校

来回路程共计54公里

"少年强则国强，少年智则国智

少年进步则国进步……"

4月1日凌晨4时30分

伴随着嘹亮的歌声

固原二中800多名高一学生

弘文中学的

1400 多名七、八年级学生

集合列队完毕，整装出发

大家排着整齐的队伍

在交警带领、蓝天救援队护送下

向任山河烈士陵园进发

漆黑的夜色里

蜿蜒的队伍走过一段平缓小道

便进入了山路

山路曲折，盘旋而上

师生们互相搀扶、鼓励

勇往直前

一路上，大家高举红旗、唱红歌

手拉手翻山越岭

肩并肩齐步前行

无一人放弃

翻过黄峁山，再越过几道沟

经过约 5 个小时长途跋涉

全体安全到达任山河烈士陵园

纪念碑庄严矗立

雕刻着"革命烈士永垂不朽"大字

两侧，烈士墓碑静静地

坐落在苍松翠柏之中

弘文中学、固原二中学生

先后组织开展缅怀祭奠活动

聆听了任山河战斗的故事

同学们擦拭烈士墓碑

并向革命先烈敬献小白花

任山河战斗被称为

"解放宁夏第一仗"

74 年前，364 名英烈

迎着雨雪冰雹，顶着枪林弹雨

用刺刀挖脚坑，抓着草丛往上冲

与敌人英勇战斗

最终长眠于任山河

展现了崇高的革命精神

74 年后的今天

2300 余名师生

爬坡过坎、翻山越岭

一路互相鼓励，一路用心体会

留下年轻的脚印和嘹亮的红色歌声

清明节徒步百里祭英烈活动

始于 1995 年

至今已坚持了 28 年

对于曾经参与过的学生来说

这场"征途"不仅是他们

青春无法磨灭的记忆

还在成人后

继续为他们提供不竭动力

固原二中党委书记韩映顺表示

"这 54 公里路

是感念先烈创造幸福生活的路

是感悟中国共产党初心与使命的路

我们必须走好新的长征路

努力工作，刻苦学习，顽强拼搏"

晚上 8 点多，师生们徒步返回学校，受到市民夹道欢迎

英雄气概，代代相传

向英烈致敬！

为师生们点赞！

（人民网—宁夏频道　2023 年 4 月 2 日）

28年"长征"路，
在"行走"中培根铸魂

——固原市第二中学、弘文中学学生"徒步百里祭英烈"活动综述

固原市教育体育局

28年，108里，固原市第二中学、固原市弘文中学学生用脚步丈量世界，用心灵感悟历史，赓续红色血脉，传承"不到长城非好汉"的革命精神。两所学校充分利用当地红色资源，打通小课堂与大世界的联络，以综合活动为抓手，以经历体验的方式，让革命历史传统与当代青少年成长充分对接，从而涵养精神、磨炼意志，形成核心素养，让思政课活起来、实起来，不断走深走实，入脑入心，走出了一条红色教育的新"长征路"。

走出小课堂 走向大世界 108里蹚出红色教育新天地

"少年强则国强，少年智则国智，少年进步则国进步……"今年4月1日凌晨4时30分，伴随着嘹亮的歌声，固原市第二中学和弘文中

学 2300 余名师生，从固原市区出发，徒步前往彭阳县古城镇任山河烈士陵园，祭奠缅怀革命先烈。

74 年前，364 名英烈迎着雨雪冰雹，顶着枪林弹雨，为解放宁夏而英勇战斗，壮烈牺牲，长眠于此。如今，新时代的青少年，在清明时节，顶风冒雪、踏着泥泞、穿山越岭。

如果说，当年的中国共产党带领人民军队为了新中国，走出了一条荆棘且曲折的"长征"，留下了伟大的长征精神。那么，今天的青少年如何继承革命遗志，发扬红色精神，承担历史使命？固原二中、弘文中学的学子们选择走出课堂的小天地，走向社会的大天地，在曾经革命者战斗过的路上，走出了新时代青少年的壮志和豪情。

在两所学校师生的记忆中，最难忘的是 2021 年的任山河之旅。

当日，雨雪交加，寒风刺骨。那擎着红旗浩浩荡荡的长队，那此起彼伏高亢励志的红歌，在壮行任山河的路上，踏出新时代新"长征"的壮美画卷。那雨雪交杂、泥泞漫道的征途上，师生拄拐杖、手拉手、扶弱小、喊着口号翻山越岭、奋勇前行的身影；那跌倒了扶起来、走不动了拉起来，满身是泥的坚持，绑着绷带的伤痛，仿佛再现了战争年代的艰难"长征"。所不同的是，如今的"长征"是这样一所学校和千百师生主动的选择，积极的响应，执着的行动。他们知道"征途"的不易，他们深刻体验着长途跋涉的疲惫与苦痛，但他们困倦的脸上总是洋溢着幸福的微笑，因为在路的尽头，有长眠于地下的烈士的精神的感召；在跋涉的路途上，有团队不抛弃不放弃团结向前的精神鼓舞，还有父母、师长始终伴随的鼓励和期许。这是课堂上不可能学到，也无法体验的真实。

当 108 里路走向尾声，当星空之下城市的车水马龙和万家灯火热烈地拥抱，仿佛一场战斗的胜利，又似脱胎换骨的"重生"，身体与精神的不断冲突中，终于以"回家"的姿态宣告胜利。

而行动的胜利之后，还有思想的再提升，文字的再反刍。于是，一段段精彩的文字、动人的故事、深度的省思，在切身体悟之后，化成一篇篇带着温度的作品，再次引发师生和家长对于新时代"长征"路以及青少年党史学习教育的新思考。《红色精神永存》《青山有忠魂吾辈当自强》《刻在心间的墓碑》《我们的长征》《永远铭记》等佳作，字里行间无不体现着学子责任担当、红色传承的使命感，以及他们热爱祖国、积极上进的情怀。

2016 年 7 月 18 日，习近平总书记在固原市西吉县将台堡红军长征会师纪念园视察时，向全党、全军和全国各族人民发出了"缅怀先烈、不忘初心，走好新的长征路"的伟大号召。

固原二中、弘文中学牢记领袖嘱托，用一场教育体验活动，宣告教育人走好"新的长征路"的勇气与毅力。可以说，这 108 里长的山路，不仅通向任山河烈士陵园，也通向青少年学生更加坚定勇敢的内心。用脚步丈量道路的艰辛，身体力行感受革命精神，在与历史的连接中明白现在的幸福生活来之不易，真切感受信念的力量……

"强国有我"的青春誓言，也在这样的一次次"长征"之后，成为青少年发自心底的呼喊。

传道需体验　身教胜言教　28 年打磨一堂思政教育课

教育人的作为，常常蕴含在一言一行中。教育使命的担当，又默默构筑在经年累月的坚持里。从最初发起"徒步百里祭英烈"的扫墓活动到如今"党史学习教育暨社会综合实践课"的拓展延伸，固原二中人将一项特殊的教育活动坚持了28年，让一所中学的超前理念坚持走出了一座城市红色教育的"网红"格局。

而在这条传承使命的路上，每一年，都有校长的亲自带领，都有高一、初一师生携手共进，一日往返徒步108里，总是在挑战"不可能"——能够有机会在学生时代重走"长征路"，事后想来，每一个走过的人都会觉得幸运——当年，那一路行来有多艰难，后来的回忆就有多感慨；那时岁月有多大争议，如今就有多传奇。更难能可贵的是，这项"传奇"事业已经走过了28年。

1995年，时任校领导不甘也不信新一代中国青少年会成为"倒下的一代"，更不愿意让教育困守在学校的一隅之地，让红色传承、历史使命停留在口头，于是冒着被社会质疑和诟病的风险，毅然决定将每年一度的清明祭扫活动，从城区的公园延伸到具有典型纪念意义的任山河烈士陵园，将一次常规的集体活动深化成为具有体验价值，联动学校与社会机构，考验身心的革命教育行动。这样的行动中，校长做领头羊，党员干部、班主任与学生同甘共苦……

更为难得的是，校长换了几任，相关负责人不断调整，但行走的种子已经种下，"长征"的誓言不曾改变，28年来风雨无阻——虽然2020年因为疫情不得不中断行动，但随后的2021年，未能如期徒步百里的初二、高二年级学生，重又踏上征途，完成了一次"长征"的接力。

在这场持续28年的接力中，每一次活动前期，学校都积极作为，充分的体能训练和思想动员工作，使学生有了坚定不移的信念和顽强坚韧的意志；思政课、班会课、动员会的革命传统教育，任山河历史回顾，新时代党史学习教育与精神传承的探讨，让每一次出发都作足准备。

行进路上，"团结就是力量……""五星红旗迎风飘扬，胜利歌声多么响亮"，欢歌代替艰难，笑脸代替疲倦；红旗招展、引领方向，团队"作战"、互助协作，坚持的磨砺、前行的执着，成为学生时代最值得铭刻的时光。而学校有先遣队探路，有交警分局和蓝天救援队全程协助，有校医随行，有应急救援车辆，还有后勤保障、沿路督查，"隐形"的预案和防护让一场轰轰烈烈的综合实践教育活动的风险降到最低……

祭奠仪式上，奏唱国歌、敬献花篮、默哀致敬、重温入党誓词、代表致辞、瞻仰烈士墓、擦拭墓碑等有条不紊。党员在前作表率，引领青年团员和全体师生肃穆仰望，荡涤灵魂……

活动结束，一篇带着身体力行的思考与感悟的文章，一场团队的总结与分享，一系列承载教育心血与红色印记的作品集、作文选在校园内外传阅，甚至还有越来越多各级各类媒体的关注和报道，以至于2021年的百里徒步行动，短短几天时间全网相关报道超过万条，新浪微博话题"学生徒步108里为烈士扫墓"阅读量达4057.7万，各类新媒体覆盖网民超16亿，俨然成为一场全民关注的大事件。今年的徒步祭英烈活动报道，再次成为热点，被人民日报、中国青年报官网转发。

实践证明，这堂社会综合实践课既有体会红军长征艰难与伟大，感到与有荣焉，也有拿出行动缅怀先烈的光荣与自豪，更有对家国大爱的深层次理解和感悟，是六盘儿女甩掉贫困与落后，奋进新时代的生动诠释，对学生做人、做事、做学问影响深远，受益一生。《人民日报》也在报道中点赞：对于曾经参与过的学生来说，这场"征途"不仅是他们青春无法磨灭的记忆，还在成人后继续为他们提供不竭动力。

如今，徒步百里祭英烈活动，已经成为固原二中、弘文中学 28 年不懈坚持打造的一堂党史学习教育课，一张西部红色教育的特色名片。

几代人传承　万颗心坚守　一座城谱写新时代红色凯歌

历史总能形成互文，精神总在中华儿女身上传承。

1996 年清明节，固原二中初一学生徒步 54 公里祭英烈，张红梅曾是其中一员。长大后，张红梅成了固原二中的一名教师。那段路她又陪着自己的学生走了 3 次。"每次出发前，我都会告诉孩子们，这徒步祭英烈的 54 公里路，将是你们一生中最有意义的一段路。"

2021 年 4 月 2 日，张红梅又和她的儿子、在弘文中学就读的方昱皓一起徒步赴任山河祭英烈。回家后，儿子告诉张红梅，他一瘸一拐地走在回家的路上，鞋子已经被泥浆包裹得不成样子，但正是这两腿泥浆，让他感到无比骄傲和自豪，那一刻他觉得自己是一名英雄。

当 2006 年还是初中生的邢懿婧徒步赴任山河缅怀烈士时，她可能不会想到，15 年后她作为弘文中学的一名教师又带着学生重走了这段"长征"路。"孩子们不畏雨雪，滑倒了爬起来继续前行，我从他们身上看到了当年的自己……有先烈们的革命精神砥砺我们的意志，无论是学习还是工作，我们就不会怕吃苦。"

而活动结束后父母竖起的大拇指和由衷的夸赞，也让固原二中学生王茜久久难忘："都说'00 后'娇生惯养，你们用行动证明了你们是好样的！"

心中有信仰，脚下有力量。当看到学弟学妹们顶着风雪负重前行，往届毕业生冯旋领悟了学校 28 载坚持的意义："是向革命烈士致敬，是在传承红色基因，是践行长征精神，为初心而奋斗！"

28 年来，有父母与子女同走一条"长征"路的"巧合"，有师生携手写下不同年代里百里徒步的深刻记忆，也有兄弟姊妹在固原二中接续行走的生动故事，有同事亲朋共同回味那场艰难体验的难忘时光……

育苗先育根，育人先育心。最好的教育是言传身教，最好的教育是亲身经历。在固原二中的教育行动中，每一次身处其中的磨砺与感悟，总能让青少年学生深刻铭记；而多年以后，走过的青春就成了最好的记忆；同学的问候也多了共同的回味；当年看似难堪的"笑话"，却成了成长路上最好的风景。

在固原二中和弘文中学，这项活动早已经超越了活动本身，对于徒步百里的学生而言，这不仅仅是一次磨砺意志、挑战自我的过程，更是一次学习党的历史、聆听革命故事、接受红色教育的难得机会。对于学校而言，从长途磨砺、祭扫活动的德育，到整合班会课、思政课、作文课的特色项目，再到对接研学旅行、深化党史学习教育、融合体育美育的深度红色教育行动，实现对学生的信念、价值、道德、人格、健康等必备品格的综合培养。

对于社会而言，从不理解到关注、助力，再到自由地传播、高度的赞赏，让每一年清明节的青少年"长征"队伍，成为一座城市最具轰动效应的教育事件，也影响着众多家长不断改变思维、调整教育理念、发现孩子潜力……因为这样的"长征"路，很多父子、母女可能在清明节这个特殊的时间节点找到了共同的精神话题；曾经的师生、如今的同事，也可能再次走上这条并不平坦的路，重新理解一次远足的教育价值。这是 108 里造就的神奇，也是清明祭扫和烈士精神的当代价值。它伴随着一代代人成长，也一次次用真实励志的风景感动这座城市。

"正如他们所言，这 108 里路，是感念先烈创造幸福生活的路，是感悟中国共产党初心与使命的路。所以，我们必须走好新的长征路，感党恩、听党话、跟党走，努力工作，刻苦学习，顽强拼搏。"弘文中学党支部书记任皓说。

一切向前走，都不能忘记走过的路；走得再远、走到再光辉的未来，也不能忘记走过的过去，不能忘记为什么出发。秉持这样的"初心"，28 年来，固原二中的人事变化、管理调整都不曾影响行走的自觉；完全中学的分离、办学格局的变化，也没有影响分校区的共同行动。这项越来越成熟的"百里徒步祭奠英烈"活动，以实际行动响应习近平总书记"缅怀先烈、不忘初心，走好新的长征路"的伟大号召，不断感悟曾经的一往无前、不畏艰险，从历史中汲取营养、坚定信仰、获取力量，继承先烈遗志，永葆战斗精神，用 28 年从不停歇的"行走"诠释坚持与坚守的力量。

这条路，一走就是 28 年

刘文鑫　李霞霞

1995 年至今，固原市弘文中学每年清明节都组织师生徒步到彭阳县任山河烈士陵园祭奠革命烈士。28 年，风雨无阻，学子们沿着曲折陡峭的山路，一步一个脚印，在 54 公里道路上用脚步丈量青春，用汗水洗涤心灵，扣好人生第一粒扣子。

心中有信仰，脚下有力量。这条 54 公里步行需 16 个小时的路，祭的是英烈，传的是精神，走的是未来，感悟的是中国共产党的初心与使命。

朱丽媛：育人"接力棒"代代传

1995 年的清明节，雨夹雪如期而至。在固原市弘文中学上六年级的朱丽媛，和同学们一起，在老校长韩宏的带领下，踏上了前往彭阳县任山河烈士陵园的祭扫之路。

崎岖的山路上，11 岁的朱丽媛第一次感到了害怕。"上山时，脚下打滑，踩上去使不上力气，感觉呼吸都很困难。"深一脚浅一脚，行走在泥泞的路上，泥水湿透了鞋子，冰冷的雪水打在脸上，眼泪和雨水模糊了她的视线。

"我当时想要放弃，只想坐车回家。"朱丽媛回忆，"当时，韩宏校长看到同学们的状态，大声喊着'加油'为大家鼓劲，讲为国捐躯者们不怕牺牲、不怕困难的故事，激励大家前行。"

"不做狗熊，当英雄。"同学们相互搀扶，相互鼓励，高唱红歌，踩着泥路前行。

来回 54 公里，朱丽媛在感动和感染中完成。"我第一次感受到了集体的力量，感受到了信仰的力量。"这是朱丽媛第一次相信自己也可以直面困难、克服困难。

如今，朱丽媛是固原市弘文中学的一名教师，接过教书育人"接力棒"，她的肩上多了一份责任与担当。每逢清明节，她都会带着学生们，重走这条熟悉的山路。

"同学们，108 里只是生命中的一小步，长征的路比 108 里更长，人生的路比长征的路更远。没有一马平川的长征，更没有一帆风顺的人生。大家要牢记革命先烈遗志，赓续红色血脉，接受生活磨砺，在未来才能以吾辈之青春，捍卫盛世之华夏。"朱丽媛说。

徒步过程中，有的学生因身体不适头晕呕吐，有的学生脚掌磨出了血疱，但他们没有选择退缩，依然坚持。作为班主任的朱丽媛，时常被学生的坚持所感动。

任江鹏：受益终身的思政课

在弘文中学上学期间，任江鹏先后 3 次参加徒步祭英烈活动。时隔 25 年后的今天，任江鹏作为一名学长，以固原市公安局开发区分局西兰银物流园区派出所民警的身份，再次参与母校组织的徒步祭英烈活动，为学弟学妹们保驾护航。

令任江鹏感动的是，在徒步返回的路上，有的学生脚磨出了血疱，仍然一瘸一拐地坚持向前走。任江鹏驾驶开道车过去询问，让他们上车，但均被拒绝。

"虽然我的脚很疼，但是我相信我能坚持走到终点。"学妹"我能坚持"的精神，让任江鹏想起当年他徒步时的经历。1998年，任江鹏也是在老师和同学的相互鼓励下，一直咬着牙，坚持走回学校。

多少年来，徒步祭英烈的学生换了一拨又一拨，但这份传承却深深刻在了每个人的内心深处，正是这份传承，让任江鹏懂得了刚强、智慧、英勇、团结。

2005年，任江鹏通过高考成为一名国防生，立志也要像先辈英烈一样保家卫国。2009年，任江鹏毕业之后，顺利进入部队，成为一名军人。

"当兵的日子里，每当坚持不住的时候，我就会以徒步任山河祭英烈来鼓励自己。"任江鹏说，"少年时能坚持到最后，青年的我一样可以坚持。"

这一坚持就是10年。2019年，任江鹏从部队转业回到家乡，面临选岗时，选择成为一名基层人民警察，换一种身份继续守护家乡的人民。

"徒步百里祭英烈，不只是一段令我难忘的回忆，更是一堂受益终身的思政课，不断激励我前行。"任江鹏说。

张建华：我的"红色之旅"记忆

4月1日，张建华在媒体上又一次看到了2300名学弟学妹徒步108里，前往任山河烈士陵园祭奠英烈的身影，不禁让他回想起19年前自己的"红色之旅"。"漆黑的夜色，淅沥的小雨，蜿蜒的队伍星夜启程，在青春年华留下了难忘的回忆。"张建华清楚地记得，在固原市弘文中学上学时，陈锡学老师经常讲起任山河烈士陵园祭奠英烈活动，张建华也期待自己可以参与其中。

在一天又一天的期盼中，张建华终于如愿等到了清明节。当年，他徒步10多个小时，到达任山河烈士陵园。当他看到一座座威严矗立的英雄墓碑，就仿佛看到了革命烈士英勇无畏冲锋陷阵的身影：391名烈士浴血奋战，这些鲜活的生命永远活在张建华的心中，始终无法忘怀。那次祭奠之后，张建华内心久久不能平静，"从军报国"四个字在他心里萌发。此后的学习中，391名烈士"不惧艰难、无畏生死"的战斗精神始终激励着张建华，他不甘落后刻苦学习，如愿考取了中国人民解放军国防科技大学，成了红色血脉的践行者。

"我们走的是磨炼，传的是精神。清明徒步百里祭奠英烈，始于1995年，母校至今已坚持了28年，漫长的征途是一代代师生学子不可磨灭的记忆，也是我们砥砺前进的不竭动力。祭奠英烈所走的108里山路只是我们日常生活的常态。"张建华说，一代代固原师生正是凭着顽强拼搏、务实求学的态度走出了大山，在各自平凡的岗位上发光发热。

时间的长河流淌不息，一代代固原市弘文中学师生初心不改。哀思先烈，振奋精神；擦亮初心，继续前进。"作为一名军人，我更深刻地懂得自己所肩负的责任和使命，我将始终坚守在岗位上，守护着祖国的每一寸山河，欣慰地瞭望着万家灯火。"张建华说。

如今，这条108里的祭英烈路，从普通道路变成生态专用路，脚下的道路越走越难，但心中的路却越走越宽。

高强：徒步祭英烈激励一生

"我清楚地记得，清明节当天，天刚蒙蒙亮，我们就早早地来到了学校，在教学楼前列队出发。大家特别激动，像一个个小战士站得笔挺，誓要拿下这108里的艰辛旅程。"高强回忆，当时，沿街站满了前来送行的父母和市民，嘹亮的歌声响彻整条街。

又是一年清明节，固原市弘文中学2010届学生高强在抖音上看到母校学弟学妹们徒步108里，他便给初中同学打电话，今年距他们当年徒步祭英烈已经过去了15年。

15年来，徒步任山河的精气神深深地影响着高强，激励着他不断坚持、进步。2013年，高强考入天津大学，但因为种种原因没能选上心仪的专业，转而学习化工专业。虽然有些遗憾，但高强没有就此沉沦，始终相信自己能够在某一个领域作出属于自己的成绩。

上大学期间，高强往返于图书馆和自习室，努力向老师和同学求教，不断缩小与周围同学的差距。研究生毕业后，高强如愿考上了清华大学的博士研究生。在这所中国顶尖的高等学府，除了初来时短暂的光鲜与亮丽，更多的则是繁重的科研任务与沉重的压力。科研工作中"成功是一时的，而失败才是常态"。一项有价值的科研成果往往需要经历无数次的失败与尝试，高强从博士研究生第二年开始，整天泡在实验室里，提升实验技能、完善实验设计、学习理论计算，反复试验、反复推敲论证。

在这个过程中，高强经历了无数次的失败、无数次的打击和无数次的自我怀疑。每当这个时候，他总能想起当年徒步任山河的经历，然后打起精神，投入新一轮的实验论证……

人生没有坦途。"徒步任山河"激励固原一代代学子克服人生路上的一个又一个"黄峁山",抵达理想的彼岸！

张辉：20 年前的 108 里

4 月 1 日，张辉在朋友圈刷到本报刊发的题为《54 公里往返 16 小时！固原学生徒步祭英烈用脚步丈量青春》的报道，便想起了同学们写在同学录里一句话——"108 里徒步任山河，是热血、是信仰"。

"108 这个数字，对于其他人来说，也许是一串普通的数字，而对于 2006 届固原市弘文中学毕业生来说却意义非凡。"张辉说，每当自己想起"108"这个数字，一段深刻的记忆便涌入脑海。

20 年前的清明节前夕，张辉还是弘文中学一名初一学生。"那时，大家只知道一年一度的清明节要徒步 108 里扫墓，希望这一天早点到来。"年少的张辉知道此次活动会磨炼自己的意志，简单地想着可以和同学们一起远行，为敬爱的烈士们扫墓，缅怀先烈。

徒步祭英烈活动在期盼中到来，2003 年清明节前一天凌晨 4 时 30 分，张辉和同学在学校操场上集合完毕，一起踏上了 108 里的祭英烈征程。

"当我们摸黑爬上第一个山头时，天才麻麻亮，大家唱着歌，喊着调子前进。"上午 11 时，张辉和同学们到达任山河烈士陵园，为革命烈士敬献花篮、擦拭墓碑。

活动结束后，经过短暂休整，开始返程。"当时我的脚已经磨出好几个血疱，腿酸疼难忍。"张辉和其他男同学，帮班里女同学背书包，将带的水全部让给女同学喝。

"大家渴得没办法，就到河边捧起河水喝，河床上泛白的盐碱，把河水变成了苦咸水。"张辉和同学们互相搀扶，跌跌绊绊走到返校途中最后一个山头。"我感到了前所未有的疲惫，为了转移注意力，就想着雪山上的丰碑——军需处长、长征中的红军战士，诵读《清平乐·六盘山》，'天高云淡，望断南飞雁。不到长城非好汉，屈指行程二万……'。"

终于走回学校，张辉等人没有庆祝，更多的是沉默，他们终于体会到和他们年纪相仿的小红军是多么的坚毅和勇敢，革命先辈的路是多少个 108 里才能走完，而自己的人生路不止 108 里。

张辉大学毕业后来到上海，在一家汽车企业从事自动变速箱的研发工作，造出了"中国芯"。该项目中有全国劳模、深耕变速箱领域的专家，以及刚刚工作两年的年轻工程师，每个人都在奋斗。

张辉作为项目管理者，面临着极大的压力，每天的工作和压力都像是一座座大山，脑力和体力总是透支着，但他一直坚持着，与时间赛跑，与技术难题斗争。最终，张辉带着团队按计划研发成功，完成投产，年产量达 40 万台，每年节省外部采购费用 10 多亿元，打破了国外的垄断。

"回首一次次克服困难，完成技术攻关，觉得又经历了一次 108 里的'长征'。"张辉说。

2021 年，看到学弟学妹们冒着雨夹雪，徒步任山河祭英烈，张辉再次热泪盈眶。"不管在任何岗位，'108'这个数字永远刻在我心里。"张辉说。

作者系《宁夏日报》记者

徒步 108 里！他们坚持了 29 年

穆国虎

清明节前夕宁夏固原 2000 多名师生徒步前往任山河烈士陵园祭奠烈士。

路途蜿蜒曲折来回 54 公里，一共 108 里，这堂"行走的思政课"已坚持了 29 年……

4 月 3 日固原二中和固原弘文中学一年一度的"徒步 108 里山路到任山河烈士陵园祭奠英烈"综合实践课开课了，2000 余名师生凌晨 5 点集合启程。"出发！"两所学校的校长同时发出指令，师生们以班级为单位沿着指定路线在家人朋友的鼓励中走出市区，翻山越岭奔赴任山河烈士陵园。

山路崎岖，师生们互相搀扶着翻过山头，越过深沟。队伍行进了大约 5 个小时到达了任山河烈士陵园门口。

学子们重新排队整队，整理着装与仪容仪表，缓步走进了陵园，祭奠革命先烈。

学子们驻足在烈士陵园，仰望着纪念碑。他们向先烈致敬，告慰先烈山河无恙，强国有我。任山河烈士陵园位于宁夏彭阳县古城镇任河村，是宁夏规模最大的烈士陵园。75 年前，解放宁夏第一仗在这里打响。在任山河战斗中，中国人民解放军付出了 364 人牺牲的代价。这里还安葬着不同时期牺牲的革命烈士。

今年是"行走的思政课"举办的第 29 年。1995 年，固原二中开设"徒步 108 里山路到任山河烈士陵园祭奠英烈"综合实践活动课，活动对象为初一、高一新生。

2005 年，弘文中学也将"行走的思政课"列为初一新生的必修课。

　　29 年来，时间在变

　　参与者在变、组织者在变

　　而这堂课的"题中之义"没变

　　无数参与此项活动的学子

　　每每回想起百里壮行

　　徒步任山河烈士陵园

　　祭奠英烈的活动

　　都不由得感慨：

　　百里之距离

　　与先辈们的二万五千里长征相比

　　如萤火对皓月

　　百里之艰难

　　与漫长的人生路相比

　　不足为奇

　　眼前有山河，心中有家国

　　向英烈致敬

　　为师生们点赞

（人民网 2024 年 4 月 4 日）

走好新时代思政教育"长征路"：
固原学生"徒步任山河"解析

徐璐璐　徐元锋

"任山河徒步活动是思政教育的一个创举，对宁夏而言，能够形成扩散效应，促使思政课观念和方式方法更加实效化，增强'沉浸式'和'代入感'，强化红色历史叙事的'兴奋点'，提升宁夏红色资源的传播力和感染力"，中共宁夏区委党校（宁夏行政学院）党史党建教研部主任李喆说："挖掘这一活动背后的道理、哲理、学理，拿出研究报告总结经验，推广开来，激发广大青少年、党员干部奋进新征程意义深远。"

今年清明节，宁夏固原二中、弘文中学的新生徒步108里祭奠英烈的壮举红遍网络、余音袅袅。他们在致敬英雄中传承红色基因，在挑战极限中磨炼意志品格，29年的坚持与传承，上好了入脑入心的思政课。

思政课是落实立德树人根本任务的关键课程。这节"行走的思政课"延续29年，参加活动的学生有哪些收获和成长？走出教室徒步山河蕴含着怎样的生命力和价值？将带来怎样的示范作用、连锁反应？

徒步任山河，感动的瞬间一幕幕

1995 年起，每一届固原二中高一和弘文中学初一的学生，都会在清明节期间开展"徒步往返 108 里山路到任山河烈士陵园祭奠英烈"的综合实践活动课。

凌晨 5 点，他们踏上征程，穿山越岭，徒步 54 里从学校到任山河烈士陵园。在陵园内，同学们轻轻擦拭墓碑，铭记长眠于此的英雄。祭奠仪式结束，片刻休息，便开始返程。晚上 8 时许，拖着"散架"的身躯在学校集合完毕，再解散结束一天的行程。从天还未亮到夜色已深，每一位同学都挑战了自身极限。

固原二中原校长韩宏组织发起了第一届徒步任山河活动，他说："想考验下我们的孩子能不能吃苦，能不能经受住磨炼，用自己的脚步感受革命前辈流血牺牲的情景。"

108 里路没有白走，108 里路不会白走。

2024 级弘文中学初一学生傅浩栋说："在大太阳下行走，脚疼腿疼的感觉难以忍受。但是站在墓碑前，'苦不苦，想想长征两万五'，返程的路再不好走，我也一定把它走完！"

"以前当学生走这段路时，总会问老师'还有多久啊'，老师的回答都是'快了'。现在成为跟队老师，我给学生的回答仍是'快了'。就像人生路途上的风景，有的风景可能只经历一次就在心中埋下种子，12 岁的时候我战胜了自己，那股坚持不懈、迎难而上的劲头让我受益终身。"弘文中学道德与法治老师杨亚琦感慨。

徒步任山河的路上，感动的瞬间一幕幕。

"有位女同学，手里攥着献给先辈们的白色小花。下着雨，道路坎坷泥泞，中途几次摔倒，她宁可摔到胳膊、弄脏衣服，也不肯让手里的小花着地。""我们班的体育委员身上挂了7个书包！""两个男生左右搀扶着一位女生，近似拖着'战友'一步一步往前挪。""很多同学脚底起了水疱、血疱，明显走不动了，但是不听老师劝，硬不乘车，即使爬也要爬回去。""累了吧，举旗手轮到我了！""班长、体力好的男同学轮流穿梭在队伍前后带领大家唱红歌、为同学们加油鼓劲，大家迈着坚定的步伐走回校园。"……

固原二中2000级毕业生严琪，现为中国空间技术研究院西安分院航天器通信系统主任设计师。他说："出发时坚信'我能做到'，行程中挣扎'我要做到'，返程时感动'我做到了'！生活跌宕起伏、潮起潮落，但始终萦绕心头的还是此行！"

为何是固原？为何能坚持29年？

29年前的举动，被传承至今，这不是哪一位校长、老师的主观愿望，而是学校历届师生自觉积极的坚守。

"第一次活动晚上回来已经9点多，有些家长接孩子等得着急，看到娃娃们一瘸一拐回来更是心疼，抱怨声随之而来，说'这简直就是摧残！'"韩宏回忆。

面对质疑，韩宏校长坚信，这些学生娃是西海固这片贫瘠土地上的学子，受到六盘山"不到长城非好汉"红色环境的浸润，这些孩子家长大多面朝黄土背朝天，他们的坚韧朴实潜移默化影响着孩子，走下来没问题。

固原曾属于陕甘宁革命老区，是一片赓续血脉、传承基因的红色热土，是"缅怀先烈、不忘初心，走好新的长征路"伟大号召的发出地。

"108 里的路，在缅怀和徒步行走中传承红色基因，在传承红色基因中坚定理想信念，在坚定理想信念中汲取奋进力量，在汲取奋进力量中铸造固原二中学生特质。这是用脚步丈量出来的青春，用心灵感悟出来的革命历史。"固原二中校长何成江说。

弘文中学原为固原二中初中部，两所学校原为一体，后来分开。难得的是，校长换了几任，相关负责人也不断调整，但行走的种子一经种下，"长征"的誓言便不曾改变。

一届又一届地传承，任山河之行已从最初单纯磨炼学生意志力的体能锻炼，丰富成为一节"行走的思政课"。学校把党的创新理论最新成果和固原红色文化的深厚底蕴相结合，把学生的家国情怀、对信仰理念的坚守，厚植在一次次行走中并不断升华。

2009 年因为各种原因，"徒步任山河"未能举办，孩子们哭成一片，要求学校办活动。"那时候我就知道，举办这个活动是成功的，这也更加坚定了这项活动的初衷：让红色基因深入师生血脉，在步行中体会做人根本。"韩宏校长说。

为充分利用好固原丰富的红色资源，固原二中还与六盘山红军长征纪念馆、固原市博物馆等建立了馆校合作机制，拓展实践基地，丰富学习内容，不断加强革命传统教育、爱国主义教育、思想道德教育、国防教育、铸牢中华民族共同体意识教育，在一届又一届学生中"向下扎根，向上蹿长"。

从一次行走，到红色教育日常浸润

弘文中学校长任皓说："活动开展前，我们会利用课间活动加强孩子们的体能训练，同时丰富学生对历史故事、红色文化的学习，让他们在思想与行动上拉近历史与现实。很多孩子通过行走，感受到集体、团结的力量，为烈士扫墓，感受和发扬爱国主义情怀，扣好'人生第一粒扣子'，这比讲一百次道理要来的真切有效。"

学生成长在活动中，班级建设在细微处。近年来，弘文中学还通过创建特色班，让每个班都有特色班名如"团结班""诚信班"，以及开展"唤醒式教育"，教导学生"抬头挺胸睁大眼"，保持良好生活习惯、学习习惯，并且通过小组建设，赋予每位组员各自的职责，让学生形成自我管理意识。

在固原二中，"行走的思政课"分为走前全面准备、走中深度浸润和走后总结提升三个阶段。走前基本实现全流程、全方位、全课程的跟进。走中以班为单位，分后勤保障组、联络组、文艺组、捡拾垃圾组、旗手组等多个组别，培养学生组织协调能力和团队协作能力。行走后分享感悟心得，至今已累计形成数十种学生感悟随想的文集。同时以"春之声、夏之风、秋之实、冬之韵"为主题，推行"四季芳菲"等红色主题活动，把一次行走变成常态化浸润。

行走也提高了思政课教师的政治素养，加深了他们的家国情怀，使他们更加严格地要求自己。同时，通过行走，也使思政课教师乐教善教、潜心育人的信心底气更足。

固原二中"00后"班主任王丽，在学生时期也参加过任山河之行。王丽说："我现在是班主任，108里的路程上我需要照顾好班里的每一个人，归校总结完，有几位还没回家的同学看到我快站不住，过来照顾我，我从十六七岁的孩子身上看到了细致体贴，我也觉得对国家对工作的热爱不再那么遥远，而就在眼前。"

已经参加过 5 次任山河之行的张红梅老师感慨道："2021 年我的孩子也参加到任山河之行中，作为班主任，我要在校园处理完所有事情才能回去，别人家的孩子回家都有热汤热饭的迎接，我的孩子回家时家里却还黑灯瞎火。但当我回到家，孩子已经洗完澡、煮好了泡面等着我了。"

"29 年来参与的人越来越多，感召力和吸引力越来越强，思政课的内涵越来越丰富，但核心灵魂是立德树人的初心和深沉的家国情怀。"何成江校长说。

从师生的行走，到全社会联动的大爱

2024 年的任山河之行，轰动固原城。

活动当天，宁夏全区 40 多名思政课教师，中宁一中 60 多名高一学生，固原市 12 家单位共计 200 多名共产党员、共青团员一并随队行走，8 家单位及社会团体参与护行。归来时，家长自发制作了 54 条欢迎横幅，学校门口、道路两旁围满了迎接队伍凯旋的群众。

凌晨 3 点半，固原市交警二大队 6 名骑警已在校门口就位。二大队成立于 2003 年，每年都参与任山河之行的线路保障工作。

"今年是我第一次开路带队，返程的时候大人都快坚持不下来，但是学生们唱着红歌斗志昂扬走回校园，看得我热血沸腾，以后也要争取机会让我的孩子走一次。"二大队教导员陈连东说。

固原市原州区人民医院医疗保障队的海彦芳说："有位 12 岁身体比较弱的同学，给她食物补给吃点东西的时候，竟然还掉了颗乳牙。让她坐救援车回，她坚决说不，恢复一点体力又跟着队伍前进了，真的很

让人心疼。单位同事都很关注这次活动——那么小的孩子都可以这样坚强，大人还有什么理由退缩呢。"

今年是固原市蓝天救援队参与任山河之行的第9年，队伍成立于2015年，由来自各行业的爱心公益人士组成。这次活动他们有70多名队员参加，每个班级配备一名队员，配合老师开展医疗和安全保障工作。"每次不用动员队员们都自发参与，参加徒步对救援队员也是激励和升华。善行改变人心，少说多做是一个普通人做公益的方式。"蓝天救援队张勇说。

"1995年我参加过徒步任山河，当时作为邻校学生是凑热闹。如今活动的组织与策划'版本'不断升级，不管是市委、市政府、公安、医疗、交通还是社会公益组织等力量，都对活动心甘情愿付出，这是一种'大爱'。"学生家长叶永说。

"行走的思政课"从学校的独立行动，发展到社会多部门联动的保障机制建立，从引领家长自觉参与到影响社会正向传播，逐渐建设起了培育时代新人的新路径，构建了各方联手共育的新样态。近30年的红色教育思政课伴随着两代人的成长，用真实励志的事迹感动固原乃至宁夏。

宁夏大学马克思主义学院院长范映渊表示："宁夏是红军长征胜利会师地之一，有丰富的红色文化资源，走好新时代思政教育的长征路，关键是要把一个个的典型凝练出来并坚持做下去，这样的思政教育'可以燎原'，将会'春色满园'。"

（《人民日报》客户端宁夏频道 2024 年 5 月 30 日）

壮行任山河

——29 年，每次往返 54 公里，3 万余师生接力徒步祭英烈

梁丹　张贺

不断开创新时代思政教育新局面

5 月 15 日，宁夏固原市弘文中学，提起不久前参加的"徒步赴任山河烈士陵园祭英烈"综合实践活动，该校七年级（1）班的刘泽璋条件反射般地抬了抬脚，双手在腿上不断摩挲着。对这个体重基数有点大的男生而言，徒步往返走完这段 54 公里的路途并不容易，脚底磨了好几个水疱、腿也肿了，尤其是翻山时，他不止一次想过放弃。当让他总结一下这次活动时，刘泽璋脱口而出的是："值得！"

2024 年清明节前夕，这场行走在网上"火"了，吸引来大量围观和点赞。

人们不知道的是，从 1995 年至今，在固原市第二中学和弘文中学，这样的行走已经坚持了 29 年，累计 3 万余人参与。

29 年过去，当初途经的羊肠小道变宽了，参与的师生变多了，获得的社会关注和认可提高了。没变的，是活动的育人初心。

行走的力量——因为一段路，改变一座城

"走完54公里路很不容易，到最后，所有人的体力都快到极限了，娃娃们是靠着意志力坚持下来的。"从2015年起，固原市蓝天救援队副队长张勇每年都带队跟着师生往返一次任山河烈士陵园，行走中，孩子们顽强的毅力、不轻言放弃的精神让他印象深刻。

"野蛮"体魄、磨砺精神，这是1995年固原二中原校长韩宏发起这项行走活动时的重要目的。

固原是革命老区，中国共产党领导的红一、红二方面军曾在这里会师。也是在这里，毛泽东写下了"不到长城非好汉，屈指行程二万"的磅礴诗句。能不能让学生也体验一下长途徒步的艰辛，在进行爱国主义教育的同时磨炼他们的意志和体魄？经过反复思考和考察，韩宏把目光放到了距固原市城区27公里的任山河烈士陵园。那里安葬着390多位烈士，并且徒步路线在山岭中起伏，具有一定的挑战性，能更好地模拟长征的艰险。

就这样，从1995年开始，固原二中（后初中部剥离成立弘文中学）的师生，每年都会在清明前夕从学校出发，一路走山道，跨清水河，翻黄峁山，向位于城区西南方向的任山河烈士陵园进发，并且在扫墓祭奠完成后，再徒步返回学校。

在固原二中校长何成江看来，29年间，这条路越走越宽，内涵越走越丰富。

"同学们，你们还记得徒步中自己是怎么上的黄峁山吗？"

"我们小组都走不动了，大家是排成一列，一个推着一个的后背走上去的！"

....

最近，弘文中学七年级（4）班"道德与法治"课的课堂上，讲到怎么理解"我"和"我们"的关系这个问题时，教师马瑞把徒步任山河过程中的故事作为素材带入了课堂。

"一个人可以走得很快，但是一群人才能走得更远。"七年级（4）班学生张建辉说。

29年的时间里，学校不断从这条路上寻找、挖掘育人元素——结合行走开展学唱红色歌曲、读红色经典、讲红色故事等活动，进行生命教育、生态文明教育和爱国主义教育，把崎岖的山道变成"教材"，把一路所观所行所感转化为课堂上最好的情景素材。

29年的时间里，从学校单一主体的行走，到公安、蓝天救援队、医疗救护等多个单位、团体协同发力。如今，这条路上行走的力量越来越壮大。

"因为一段路，改变一座城。"今年，徒步归来的师生们受到了家长和市民的热烈欢迎。随队保障的固原市原州区人民医院急诊科医生勉国平对记者说，在徒步任山河活动的影响下，不少家长、企事业单位和社会组织也跟随着学生的脚步自发前往陵园祭奠，"清明徒步祭英烈已经成了固原的一道美丽风景"。

"在固原，经过29年坚持不懈的行走，这场徒步活动已经从最初的学校师生徒步祭扫实践活动，变成了校家社协同、社会各团体参与的红色教育'思政大课'，已经从最初家长有质疑、社会不理解，发展为全民关注、全网点赞的'网红'活动。"固原市委教育工委专职副书记张国文说。

坚持的力量——只要是对学生成长有好处的事，就要做下去

"我们把跟在队伍后头的保障车叫'狗熊车'，能走的绝不上车。"看着眼前有点儿瘦弱、只有13岁的初一学生白静怡，记者很难想象她是靠着怎样的力量走完了全程。

"回程是最难的，同学和老师也劝我去车上休息一下，但别的同学都能坚持，我觉得自己也不能输。"提起那股力量，白静怡觉得那是属于少年的"血气、自尊心和好胜心"。

和白静怡一样，对参与徒步的大多数学生而言，走完这54公里路并非易事。而对于这项活动本身，"最关键的也在于坚持"。参与组织徒步任山河活动已经20多年的弘文中学校长任皓说。

在活动开展的第一个十年里，来自家长、社会的质疑声并不少。

"走100多里路太远了，娃娃的身子怕是受不了。""这么多的娃娃，出了什么安全事故咋办。""老师也得全程走吗，太累了吧。"……家长有担忧、社会有质疑、老师有情绪，学校校长都换了好几任，即使这样，徒步任山河活动还是顶着压力坚持了下来。

这种坚持的力量是从哪里来的呢？

任皓没有直接回答，反而讲了一个故事。那是一次格外艰难的徒步祭奠，天气恶劣，雨雪交加，跟在队伍里的任皓看到，因为道路湿滑，一个小姑娘摔了好几跤，原本干净的校服上满是泥泞。"本来她用手撑一下就不会摔了，但我看她的拳头攥得紧紧的，好像握着什么。"在烈士陵园，任皓的疑惑有了答案——小姑娘摊开手，一朵她亲手制作的小白花干净无瑕地被放在了烈士墓碑前。

行走 20 多年，在任皓看来，在这条徒步路上，学生们总是在自我教育，甚至回过头来激励着教师们。

在这条路上，教师们看到，一位陪女儿徒步的父亲走不动了，女儿停了下来，搀扶着爸爸，鼓励他加油继续；他们看到，连翻两座山后，站在刻着"革命烈士永垂不朽"的纪念碑前，站在 100 多个没有姓名的无字墓碑前，少年们红了的眼眶和鞠躬时深深弯下去的脊背……

"作为教育工作者，只要是对学生成长有好处的事，就要做下去。"任皓的这句话说得质朴又坚定。

学生们的改变不仅被教师们看到，也被家长和社会观察到。

"我家娃娃以前早起很困难，喊她起床就有气，现在她到点就能起，再也没喊过苦和累。""我家的是遇到挫折容易放弃，之前学舞蹈、学书法都没坚持下来，现在她的韧性强多了。"……采访中，谈起孩子参加徒步任山河活动前后的变化，家长们有说不完的话。

尽管已经过去了 16 年，但对于清华大学核能与新能源技术研究院博士生高强而言，那场徒步仍历历在目。"每个班都有一个举旗手，我还记得快到陵园时，大家都坚持不住了，旗子也摇摇晃晃的，但很快就会有人顶上来举好旗子，一个替一个。"

高强感觉到，徒步任山河活动给自己注入的精神似乎一直留在身体里，"它让我知道如何面对困难和失败，明白要一直怀有信心和勇气。这段经历已经融入了我的生命，会持久地给我力量。"

传承的力量——走好红色教育新的长征路

"一路走下来，学生的身体状况普遍如何？""徒步活动一年一次，怎么拓展活动的内涵和影响？"……面对记者的问题，何成江不无自豪地说，经过 29 年的实践，徒步百里祭英烈已经从活动走向了课程，不仅注重打造"行走的思政课"，引导学生在走中学、在行中悟，还不断完善课程设计，增强科学性和系统性，持续发挥徒步祭英烈活动实践育人、活动育人、综合育人、协同育人的价值。

固原二中学生处主任妥成山介绍，从出发前一个多月起，学校上下就为徒步任山河活动做着准备，首先就是体能训练。"通过利用早操、大课间、体育课等逐步加大训练量和训练强度，基本能把我们的体能往上带一带，不至于一走就掉队。"高一（2）班学生袁瑞说。

在弘文中学，同样的加练也在学校田径场上进行着。从 30 分钟持续匀速走、12 分钟变速跑，到高抬腿跑、侧身跑、后蹬跑，再到抱头深蹲、蛙跳、300 米负重跑，学校学生处负责人殷万香说，针对初一学生年纪小、体能普遍较弱的特点，学校从开学之初就开始安排加强学生体能训练，并将加强体育锻炼作为学校常态化的工作要求。

"普遍来看，往返 54 公里路后，学生虽然累，但恢复得也快，第二天大部分都还能正常上早操。"妥成山说。

今年，作为自治区思政课名师工作室主持人，戴维毅和全区 39 名思政课名师一起参与了徒步任山河活动。走完一趟下来，和其他思政课教师一样，戴维毅深有感触："以红色文化资源讲解为例，过去，我们在课堂上讲意义讲理论多，但是通过这种参与式、体验式的活动，学生对红色文化的理解才能更深刻，那些道理才能更深地往学生的心里去，思政课教师的信心和底气也才能更足。"

如今，从徒步任山河活动生发，固原市正在探索培育出更多"行走的思政课"育人品牌。将台堡红军长征会师纪念碑、六盘山红军长征纪念馆、青石嘴战斗纪念碑、老龙潭革命烈士纪念亭、长城墚烈士陵园等一处处红色资源"活"了起来，成了当地中小学开展思政教育最生动的教材。

"29年的行走，走的是磨炼，传承的是红色精神。"张国文介绍，下一步，固原市将立足本地深厚的红色文化资源，进一步丰富学校实践课程资源，鼓励形成一批导向鲜明、思想深刻、内容丰富、形式活泼的思政课实践教学和现场教学课程，做好固原"行走的思政课"品牌，"在红色教育新的长征路上，不断走出深度、厚度和长度"。

（《中国教育报》2024年5月20日）

摸鱼儿·弘文学子百里壮行

何晓晴

问人间、感同身受。几人情切如旧。都忧愁弱花娇柳，怎耐大风搓揉。春正秀。顶雨雪，心中先烈平生偶。灌输自幼。算只此尊行，终为财富，漫忆珍藏久。

清明节，树上桃花静候。默然礼敬相守。人生难得华年久。热泪洒灵魂救。风满袖。君不见，当年饥饿凭天佑。颜如鹄瘦。休敢问征程，如今甘苦，须我辈探究。

附　录

弘文中学第29次七年级全体师生清明节徒步"任山河烈士陵园"扫墓活动方案

　　活动目的：铸牢中华民族共同体意识，牢固树立"四个与共"的共同体理念，重温革命足迹，缅怀革命先烈，号召新时代青少年时刻铭记先辈们为解放国家和民族事业做出的光辉事迹，厚植爱国主义情怀，践行社会主义核心价值观。

　　活动主题：铸牢中华民族共同体意识，走好新时代长征路。

　　活动时间：2024年4月3日（5：00—19：00）

　　活动地点：彭阳县任山河烈士陵园

　　领导小组组长：书记、校长

　　领导小组副组长：副书记、副校长

　　成员：校委会全体成员

　　执行组组长：年级主任

　　执行组副组长：级部主任

　　组员：七年级各班班主任及科任教师

　　参加人员：

1. 学校领导、各部门负责人、体育组全体教师、后勤相关人员和七年级全体师生。

2. 固原市蓝天救援队成员及学生家长代表

一、前期工作安排

1. 体能训练

体能训练	2月26日—3月2日第一周	清扫校园积雪
	3月4日—3月9日第二周	体能恢复：1.30分钟持续匀速走 2.12分钟变速跑
	3月11日—3月16日第三周	体能训练：1.高抬腿跑 侧身跑 后蹬跑 2.300米跑一圈，300米走一圈
	3月18日—3月23日第四周	体能训练：1.抱头深蹲：3组，每组12—16次 2.鸭子步：3组，每组100米 3.蛙跳：3组，每组50米
	3月25日—3月30日第五周	体能训练：1.800/1000米 2.300米负重跑3圈，300米负重走1圈
	4月1日—4月3日第六周	体能训练：300米负重跑4圈，300米负重走1圈

2. 前期学生宣传及训练和返回后总结工作安排

周次	时间	内容	地点	班级	负责人
1—2		体能训练：早操、体育课 音乐课学唱革命歌曲（至少三首），七年级观看第二十六届任山河扫墓活动实况录像（一）	操场	七年级各班	各班班主任、体育教师、音乐教师
3	3.15	主题班会：任山河扫墓动员宣传，学习《夏令营的较量》，观看《历届任山河扫墓活动视频》和阅读有关感悟文章	各班教室	七年级各班	各班班主任
4—6	3.19—3.31	学习任山河烈士陵园简介，了解解放宁夏和任山河战斗历史	各班教室	七年级各班	各班班主任及历史老师

续表

周次	时间	内容	地点	班级	负责人
7	3.30	各班召开任山河之行学生动员会并安排详细计划（班会课）	各班教室	七年级各班	各班班主任
		各班召开家委会成员及家长积极分子座谈会（放学之后）			各班班主任及部分家长
	4.3	早晨4：50学生到校，5：00整队集合完毕（学生面向西楼从北向南每班两列纵队按1—14班顺序排列），随班老师陪同所带班级，校领导讲话，5：00准时出发（出发时各班变成四列纵队）	校园前院	七年级全体师生	学生处、七年级组
7—12		任山河扫墓活动总结及学生扫墓活动作品上交		七年级	七年级语文备课组
		学生作品筛选并汇编成册		七年级	七年级语文备课组

3. 任山河扫墓前期工作安排

总负责人：校领导

项目	负责人	时间	内容	备注
活动方案、安全预案的制定、人员的安排、活动主持	学生处主任、年级主任		负责活动方案的制定、人员安排、活动策划、活动主持等	
向市教育局申报此项活动	党办副主任曹勃		将活动方案行文上报教育局，3月23日批准	
七年级学生动员大会	学生处主任年级主任		主管领导给七年级各班授旗并作动员讲话	
七年级教师动员大会	主管领导、学生处主任		由学生处宣布任山河扫墓的各项工作安排，对各个环节的安全做好培训，学校领导提出要求	
方案报送至经济开发区公安分局、交通局、卫生健康委、市场管理局、青石峡管理处	工会主席办公室副主任		由工会主席担任组长对接各部门，党办副主任、办公室副主任负责报送	

说明：3月30日（星期六）各班召开主题班会，讨论任山河之行具体做法，重点强调以下要求内容：①服装及鞋帽的准备；②背包及所带东西；③学生的分组及随时的清点工作；④沿途纪律和安全问题；⑤扫墓过程中的纪律要求；⑥对家长的要求；⑦垃圾的处理；⑧徒步过程队形要求。

二、清明节扫墓活动安排

1. 总负责人：主管领导

2. 具体负责人：学生处主任、年级主任、总务处主任、治保处主任、音体美微教研组长、七年级级部主任

3. 跟班老师及安全员安排

班级	班主任	跟班老师	安全员
七（1）班	班主任	科任教师	蓝天救援队1人
七（2）班	班主任	科任教师	蓝天救援队1人
七（3）班	班主任	科任教师	蓝天救援队1人
七（4）班	班主任	科任教师	蓝天救援队1人
七（5）班	班主任	科任教师	蓝天救援队1人
七（6）班	班主任	科任教师	蓝天救援队1人
七（7）班	班主任	科任教师	蓝天救援队1人
七（8）班	班主任	科任教师	蓝天救援队1人
七（9）班	班主任	科任教师	蓝天救援队1人
七（10）班	班主任	科任教师	蓝天救援队1人
七（11）班	班主任	科任教师	蓝天救援队1人
七（12）班	班主任	科任教师	蓝天救援队1人
七（13）班	班主任	科任教师	蓝天救援队1人

续表

班级	班主任	跟班老师	安全员
七（14）班	班主任	科任教师	蓝天救援队1人

七年级总负责人：年级主任

4.七年级路队指挥：

体育教师2人（队伍前）

体育教师2人（队伍中间）

体育教师2人（负责队伍扫尾工作）

5.陵园音响负责：团委

校园音响负责：团委

6.宣传报道：工会主席（担任组长负责对接），办公室副主任、党办副主任协助（联系摄像，协调报社、电视台参与人员及公安、交警、退役军人事务局等单位的工作事宜）。

7.后勤总负责人：总务主任、治保主任

（1）门卫（专门负责早晚校园灯、维持门口秩序）。

（2）治保处主任（负责早晚饭卡的发放、订午餐）。

（3）门卫1人负责餐车分发盒饭；治保处主任、七年级教师1人（负责蓝天救援队午饭的发放）；后勤2人（负责媒体午饭的发放、路途供水，登记坐车学生信息，安置伤病学生，转移走不动的学生）；后勤1人、七年级教师1人（负责教师午饭的发放）。

（4）学生午餐由七年级教师2人负责，组织后勤3人取餐，并按标准装餐，发放午餐。

注意：返程时，七年级教师 4 人在校负责伤病学生的管理；等全部返校后，统一回到班级，中途不得提前离校。后勤 2 人负责返程后教师晚餐的组织。七年级教师 2 人继续随车负责给教师及工作人员供水、登记伤病学生信息，直至全部伤病学生返校。

8. 财务总负责人：学校会计

9. 随行车辆：

（1）交警 1 号车在前开路。

（2）人民网 3 辆车；摄像车 2 辆。

（3）学校指挥车 1 辆。

（4）蓝天救援队指挥车 1 辆（治保主任负责蓝天救援队总指挥车）。

（5）救护车 1 号在队伍前面。

（6）救护车 2 号在队伍后面。

（7）应急车 1 辆。

（8）蓝天救援队车辆 1 辆跟在队伍中间。

（9）交警 2 号车在队伍最后，负责社会车辆和家长车辆随队安全有序前行，以防造成交通拥堵，干扰队伍前行及应对突发事件。

注：由于参与人员较多，所有班级车辆均由高速公路到陵园，不得随班干扰学生和指挥车行进，返程原路返回，亦不得跟随学生队伍返程。

10. 校园广播：团委

11. 时间（活动当天）

（1）所有工作人员早晨 4：00 到校，在校餐厅吃饭。

（2）蓝天救援队、班主任 4：00—4：30 早餐结束，4：30 组织学生、清点人数，开小型班会。

（3）4：40 下楼集合，4：50 所有跟班老师、蓝天救援队队员在国旗下集合，整个集合队伍由工作人员负责，集合完毕，校长讲话。

（4）5：00 准时从校园出发（出发顺序：七年级 1—14 班，要求步伐整齐、口号洪亮；到黄峁山山顶处，根据行进情况可调整队伍顺序，如可按照 7、6、5、4、3、2、1、14、13、12、11、10、9、8 排序）。

要求：校旗和队旗在队伍中间，各班旗手站在各班队伍中间，班主任、随班老师、蓝天救援队工作人员一列纵队站在班级队伍右边，返回时顺序一致。

12. 到达陵园：到达后，统一每班两列纵队按由东向西的顺序站好进行扫墓仪式。队旗、校旗在年级队伍中间，班主任、随班老师、蓝天救援队工作人员一列纵队站在队伍右边，各班旗手站在队伍最前面，体育教师负责整队。

13. 学生午餐地点安排：初步安排在陵园东侧（从南向北 1—7 班），陵园西侧（从南向北 8—14 班），根据实际情况可作调整。

三、扫墓活动议程

主持人：学生处主任

主持人宣布：固原市弘文中学第 29 次任山河烈士陵园扫墓活动现在开始

第一项：全体立正，奏国歌、唱国歌

第二项：学生代表向烈士敬献花篮（奏哀乐）

第三项：全体肃立，向革命先烈默哀（默哀 1 分钟）

第四项：学生代表发言

第五项：教师代表发言

第六项：全体学生宣誓，由学生代表领誓（年级主任审定誓词）

第七项：领导讲话

第八项：扫墓活动开始

（1）瞻仰烈士墓碑，敬献小白花、擦拭墓碑（按"S"形顺序进行）。

（2）教师、学生合影留念（祭奠仪式结束后，各班班主任迅速组织学生、随队老师及蓝天救援队队员合影；工作人员负责摄影）。

（3）按照1—7班在陵园东侧、8—14班在陵园西侧的位置休息、午餐（约30分钟），中午12：00返程。

教师及工作人员吃饭地点：在陵园东侧办公区，工作人员负责提前将饭送到目的地。

四、结束返程

1. 预计12：00左右返回。途中各班保持四路纵队，匀速前行，到达黄崿山山顶后将伤病学生交给负责老师统一安排，其余学生变两路纵队开始下山。

2. 下山后各班按四路纵队整队清点人数，休息10分钟，到戒毒所前面小场地各班班主任整队再次清点人数。预计18：40左右到校并清点班级人数。

3. 返回顺序：按14、13、12、11、10、9、8、7、1、2、3、4、5、6班的顺序返回，黄崿山山顶不休息，下山后整队调整顺序为1、2、3、4、5、6、7、8、9、10、11、12、13、14班，进入市区后，队伍保持整齐，口号洪亮。

4. 返程到校后，站队与出发时一致，体育教师负责整队。

5. 领导讲话。

6.活动结束后，班主任统计全程走下来的学生人数和小组，上报年级组，年级组上报至办公室，并联合家委会负责将学生交给家长安全回家。

五、活动要求

1.花篮、音响、会场布置、场地联络等由团委负责。

2.固原市弘文中学七年级师生参加。

3.弘文中学七年级选派 4 名学生代表敬献花圈（所用花圈或花篮由各年级组负责）。

4.活动过程要求所有人员庄严肃穆、听从指挥、遵守会场秩序。

5.注意活动安全，确保活动圆满完成。

6.评价奖励：设参与奖、优秀组织奖、走完全程奖。

六、安全措施

1.出发前筛查学生身体状况，对身体不适或患有疾病的学生，劝阻其参加本次活动。

2.活动前加强对学生的安全教育，往返前认真清点人数，整个活动要体现文明互助、民族团结，注意安全。严禁学生单独行动，严禁做危险动作。教育学生爱护公共设施，保护环境和绿化。

弘文中学第29次
"清明节任山河烈士陵园扫墓"
活动安全工作预案

一、指导思想

以《中小学安全管理办法》和学校安全管理制度为指导，牢固树立"安全第一，预防为主"的原则，认真落实疫情防控和各项安全措施，教育学生遵守各种安全法律法规和安全制度，培养引导学生具备一定的自护能力，保障活动安全有序开展，让活动既突出意义，又安全愉快。

二、安全工作领导小组

组　　长：校长　书记

副组长：副校长　副书记

成　　员：校委会全体成员　七年级全体班主任

　　　　　七年级全体科任教师　体育组全体成员

说明：

1. 校长为总负责人，全面负责活动的各项工作。

2. 年级主任为七年级安全第一责任人，全面负责活动各项安全措施的落实。

3.班主任及跟班教师为所跟班级安全第一责任人，全面负责本班各项安全措施的落实。

三、活动要求

1.前期准备工作

（1）学生处及年级组做好《任山河扫墓活动方案》及相关安全预案，提交校委会审核后报送市教育体育局审批。

（2）利用年级晨会、班会对学生的安全作具体要求（学生在活动中如何做好自我防护，要熟记行走线路、休息地点，明确各小组负责人、跟班教师与班主任的职责等），各班各小组应设一名安全督导员，负责本组安全工作。

（3）印发一份《致家长的一封信》，说明活动内容、时间、地点及要求（由于本次活动参与人员较多，所以不容许家长车辆进入学生行走的路段，步行参与的家长要确保身体健康，不容许携带易燃易爆物品，加强防火安全和交通安全教育）等。

（4）各班主任对全班同学身体作健康筛查并与家长联系，发现有疾病的不得参加此项活动。

（5）提前派老师对路段情况进行检查，对危险路段作好标示并在活动前做好修补，确保活动当天道路通畅。

2.活动过程

（1）活动过程中始终以班级为单位统一行动，每班安排班主任与至少一名教师跟班，要求做到在队伍中至少有一位教师不离开学生。

（2）学生随带物品要轻便，鞋要舒适便于行走。

（3）学校与社会救援机构蓝天救援队协商，让救援队与学生同行以便处理各种应急事件。

（4）学校准备 1 辆车跟随在年级左右（指挥车），处理年级各种突发事件，不容许其他家长车辆随行，以免造成交通堵塞和交通事故（给学生送午餐的车辆从高速公路去陵园）。

（5）固原市人民医院 2 辆救护车和蓝天救援队 1 辆车跟在队伍中间，救护车 1 号在队伍后面，负责沿途学生的突发事件；救护车 2 号，早上 9:00 在陵园等候，返程时，随队返程。应急车 1 辆。

（6）由学校 6 名体育教师前后组织协调指挥。

3. 学生安全须知

（1）出发前每班各小组要制定安全规定，组长要向成员重读规定并组织大家签名。

（2）告知家长校外活动的内容、地点、时间、活动线路及带班教师联系电话。

（3）活动过程中要听从组长指挥，集体活动不离队。

（4）要遵守交通规则，行走靠右走人行道，横跨马路走斑马线，公路上不要追逐打闹。路边上厕所必须告知老师并有专人陪同。

（5）本组同学每人记住家庭电话和家长手机号，便于紧急联系。

（6）活动中要互相帮助、互相监督，每个小组确定一名安全员。

（7）活动结束后由家长在校园接送学生回家。

（8）随身携带物品要轻便，贵重物品（照相机等）自己要保管好。

四、紧急事件处理程序

1. 突发事故应急预案

（1）如遇发生事故，记住肇事车的车型、车牌、颜色，组织活动第一责任人拨打110报警电话，并及时向学校报告出事地点及详细情况。同时组织安全人员实施自救。

（2）如学生有受伤尽快由随行安全员（班主任）直接联系就近的救护车，送往离出事点最近的医院进行就医，然后上报年级由年级上报总负责。

（3）将其他学生带离出事点，随行安全第一责任人指挥人员保护现场。

（4）学生出现摔伤、扭伤、撞伤或突发疾病，安全员应立即报告随行医生进行治疗，如伤情较重应马上由安全员送医院治疗，并及时上报病因、病情。

（5）学生出现危险、旧病复发或出现心脏病突发，随队医生第一时间作紧急处理并组织几名安全员随同医生护送前往附近医院抢救治疗。

（6）随行安全第一责任人查明事故原因和损害情况后以书面材料上报总负责人。

2. 饮食卫生应急预案

（1）各组建立严格的信息报告制度，若发生类似食物中毒症状，要求随队安全员（班主任）立即上报安全第一责任人，并报告随队医生。

（2）出现食物中毒症状时，随队老师作应急处理，首先让医生诊断，根据医生确定是否送医院紧急治疗或临时治疗，如需送医院治疗则由班主任护送前往。

（3）突发事件发生后，学校外出活动总负责应在第一时间向市教育局报告。

（4）各领导小组成员应在各自职责范围内作好突发事件应急处理的有关工作，切实履行各自的职责。

（5）突发事件发生后，应立即保护现场、采取施救措施。同时加强学生管理，确保学生心态和情绪稳定。

五、有关负责人任务及要求

1. 领导小组成员

（1）所有参加活动的人员必须经过培训，明确任务、职责，自始至终参与活动的全过程。

（2）所有成员要服从统一部署和指挥。

（3）路途排查人员要带队仔细检查道路的周边环境，对有危险的地段要及时修整做好标识，提醒大家注意安全。

（4）学生过马路时，组员要在马路中间指挥交通、确保所有学生安全过马路。

2. 班主任及跟班教师

（1）班主任及跟班教师必须经过培训，明确任务、职责、不允许擅离职守，发生责任事故的将依法依规追究责任，要按分配的任务全程跟班带生。

（2）班主任应提前向学生做好注意事项所列的各项教育，同时做好各方面组织工作。

（3）提高认识，随时随地做好学生的安全教育，不能放松警惕。到目的地要视察周边环境，如有施工场地、山坡、河道水塘、凡是学生有可能发生危险的地方要分头站岗，并注意学生动态，不允许学生出入危险场地。

（4）学生过马路要走人行道，并时时提醒注意交通安全，注意来往车辆，确保学生安全过马路。如遇突发事件不慌张，小事自己处理，大事立即上报总负责。

（5）自始至终，活动中不得请假、不得中途私自离开学生，保证本次活动顺利进行。

（6）在用餐时要做好个人防护，不共用碗筷，要求每位学生自备一瓶抑菌免洗洗手液随时消毒。

（7）各小组自由活动期间，教育学生不远离班级队伍，若有事远离的带队教师必须把手机等联系号码告知学生。

（8）活动结束要及时总结，作好记录。

六、外出活动要求

1.全体领导和教职工均要以高度的责任心对每个学生的安全负责。对学生加强安全教育，抓好安全管理，确保外出活动万无一失。

2.出发前要集中做好安全教育，宣布活动具体安排。

3.各班在每个节点上都要清点人数并上报年级组。

4.租用的车辆必须有正规的营运执照。

5.到达目的地后要有组织地开展活动，不要随意离开班级团队。

6.教育学生不要到危险的地方玩耍。

7.自由活动时，要求学生不要单独行动，教育学生发现问题或发生事故时要及时报告。班主任和跟班老师要加强巡视，分管领导要做好监控，发生事故要采取应急措施。

8.活动结束要在规定的地点按时集中，清点人数上报。班主任及跟班老师跟队伍回校，待家长把学生接离校后，才能离开。

9. 领导小组成员和相关教师如因为个人问题未能履行相关责任而出现责任事故应承担相应事故责任。

10. 蓝天救援队医护人员全部跟随路队行进，发现学生出现身体异常的及时处理，必要时及时与医校联合体联系送往医院观察医治。

致家长的一封信

贵家长：

一年一度的清明节又到了，我校七年级爱国主义传统教育活动——清明节徒步任山河烈士陵园扫墓活动也即将开始，这将是我校自1995年以来的第29次徒步任山河之行。在市教育体育局的支持和学校的统一部署下，我们将一如既往地搞好这项有着特殊意义的扫墓活动，也希望得到家长们的理解和全力配合。

我们开展任山河扫墓活动的目的是铸牢中华民族共同体意识，牢固树立"四个与共"的共同体理念，重温革命足迹，缅怀革命先烈，号召新时代青少年时刻铭记先辈们为解放国家和民族事业做出的光辉事迹，厚植爱国主义情怀，践行社会主义核心价值观。

此项活动已成为我校办学特色和德育工作的重要组成部分，它必将对学生的学习、生活及成长产生深远影响。为了切实搞好这项活动，确保活动的顺利开展，现将有关事宜通知于您：

1.具体活动时间：4月3日（星期三）早晨4：30到校，4：50整队集合，5：00从学校统一出发，于晚7：00回到学校。

2.在确保健康安全的前提下，请您全力支持您的孩子全程参加此项活动。

①帮助您的孩子做好各项准备工作，如适宜的衣服（外装统一穿校服）、适量的食品和饮水、合脚利行的鞋袜等。

②督促帮助您的孩子准时到校，不要迟到。

③由于本次活动参与人员较多且道路狭窄，所以中途不要接送孩子，不要开车随行，以免交通堵塞，给队伍行进造成影响及安全隐患。大家可于晚 7：00 左右在学校门口等候，学生活动结束后，请在班主任知情的情况下陪同您的孩子回家。

④请各位家长全天候保持电话畅通。

3. 为确保安全，如果您的孩子确有不适合徒步远行的疾病或其他原因，请您务必将真实情况告知班主任并出具书面请假凭证，切不可勉强参加，否则后果自负。

4. 如果您对这项活动还有更好的意见和建议，请您以书面形式提出，我们将非常感谢！

回　执

　　我已收悉关于扫墓活动的具体情况，根据孩子实际，我的孩子_____（有或无）不适合徒步远行的疾病或其他原因，_____（同意或不同意）其参与此次活动，并对该项活动提出下列意见（或建议）：

学生签名：七（　）班　　　家长签名：　　　联系电话：

人民网全媒体平台报道清明节徒步"任山河烈士陵园"开展扫墓活动方案

宽　容

一、活动背景

习近平总书记指出："要抓好青少年学习教育，着力讲好党的故事、革命的故事、英雄的故事，厚植爱党、爱国、爱社会主义的情感，让红色基因、革命薪火代代传承。"

2016 年 7 月，习近平总书记在宁夏考察工作结束时强调，宁夏是一片有着光荣革命传统的红色土地。我们要铭记革命历史、传承革命传统，并用以教育广大干部群众，教育一代又一代青少年。

宁夏回族自治区党委书记梁言顺说，要挖掘用好宁夏的红色资源，推动理想信念教育常态化制度化，弘扬共产党人精神谱系，开展"五史"宣传教育，引导广大党员干部发扬"不到长城非好汉"的革命精神、"走好新时代长征路"的奋斗精神、"社会主义是干出来的"实干精神，确保红色基因代代相传。

二、活动主题

今年是中华人民共和国成立 75 周年，也是解放宁夏第一场战斗——任山河战斗胜利 75 周年。每年清明节前夕，宁夏固原市第二中学和固原市弘文中学会组织入学新生徒步前往六盘山下的任山河烈士陵园进行缅怀革命先烈的活动，这件事情已经坚持了 28 年，让爱国主义教育变得生动感人。人民系全媒体平台拟通过《人民日报》点赞新时代栏目和人民系各新媒体平台慢直播的方式，全程记录徒步的过程，与网友一起身体力行感受红色基因的传承，感受坚定的信仰。

三、报道主题

徒步 54 公里的思政课，坚守 29 年的薪火传承

四、活动主题

徒步"任山河"，师生传薪火

五、刊播时间范围

2024 年 4 月 3 日

六、《徒步"任山河"　师生传薪火》直播主持词

4:55—5:00【演播室开场】

各位网友们大家好，这里是人民网独家直播的"徒步'任山河'，师生传薪火"的直播现场。每年清明节前夕，宁夏固原市第二中学和固原市弘文中学的入学新生们，都会从固原市区出发，徒步前往彭阳县古城镇任山河烈士陵园，为安葬在这里的 391 名烈士扫墓、敬献花圈。整个路程共 54 公里，全程需要 15 个小时左右。

我们了解到，徒步任山河这项活动是 1995 年发起，至今已经坚持 29 年了。学生用脚步丈量长途跋涉的艰辛，用心灵感受革命先辈的精神。

有人说，这是一堂爱国主义和革命传统教育"行走的思政课"，这条路通向的不仅是任山河烈士陵园，更是通向学生们坚定勇敢的内心。

任山河战斗被称为"解放宁夏第一仗"。75 年前，为了任山河战斗的胜利，中国人民解放军第 19 兵团的战士们血染疆场，长眠在此，展现了崇高的革命精神。

今天，我们将对此次活动进行 7 个小时左右的直播，通过人民网，人民视频客户端，人民网 + 客户端，人民网微博、抖音、快手、视频号，《人民日报》少年客户端等平台播出。此时此刻，学校正在为学生做出发前的动员工作，请大家跟随我们的镜头一起去现场感受这堂"大思政课"吧。（接固原市电视台信号）

【启动仪式后切演播室】

各位网友大家好，这里是人民网独家直播的"徒步'任山河'，师生传薪火"直播现场。正如刚才在出发仪式上，学校老师说的那样，心中有信仰，脚下有梦想。相信学生们通过今天的活动，能够收获人生的阅历，以及更加强健的体格和更加坚定的内心。

目前，学生们已经出发了，我们也为他们加油鼓劲。接下来，把镜头交给我前方的同事，请她介绍一下目前现场的情况。

5:05—5:50【现场学生徒步采访，外景主持】

好的，主持人。各位网友大家好，我是人民网记者阎梦婕，接下来将由我带领大家一起来感受学生们的"任山河之行"。

我现在所在的位置是宁夏回族自治区固原市弘文中学门口。马上，学生们将沿着我身后的这条路开始今天的活动。

虽然已快到清明，很多地方都已开始回暖，但固原市的气温还是比较低，现在的温度只有……尽管如此，寒冷却阻挡不了孩子们前进的脚步。

现在，我们通过镜头可以看到已经有学生走出了校门，向 27 公里外的"任山河烈士陵园"走去。话不多说，我们跟上孩子们的步伐，看看他们现在正在做什么。

【采访弘文中学七年级三班的王鹤轩】

您好，同学，我想简单地问你几个问题，麻烦先简单地介绍一下自己。

你现在几岁？对于今天来回要走 54 公里路，你有没有信心呢？

活动开始之前你了解过任山河战斗吗？

除了老师在课堂上为你们介绍这场战斗外，你还作了哪些准备工作呢？

有没有什么想对爸爸妈妈说的话呢？

好的，谢谢你。

现在是五点多，很多人还在睡梦中，但是在这里，这一天，这个时候我们可以看到，马路的两边还是站满了前来送行加油的家长以及为孩子们保驾护航的工作人员，包括民警、交警、医护人员、救援队等等。

我们相信，正是因为有了固原市委、政府以及各行各业工作人员的大力支持，还有家长们的谅解与鼓励，才能让这场活动持续地举办下来。感谢他们对孩子们的无私奉献。

现在我们已经来到了固原二中的门口，弘文中学的学生们将在这里和固原二中的孩子们汇合，然后继续前往"任山河烈士陵园"。我们可以看到随着固原二中孩子们的有序汇入，整个行进队伍更加壮观。据学校负责人介绍，参加此次活动的师生有将近两千人。

我们现在先来采访一名老师。

【采访固原二中老师张红梅】

老师您好，打扰您一下，能否接受一下我们的采访。

这是你第几次参加这个徒步活动？

刚才您说到除了陪同学生参加外，您还以其他身份参加过这个活动，能具体说说吗？

在您看来这项活动对于您成年后的求学、工作、生活等方面有产生影响吗？

好的，谢谢你，正如张红梅老师所言，一场活动结束后，一颗红色的种子就已经悄悄埋在了内心深处，每每想起学生时期的这一场任山河之行，都会让她更加积极面对一个又一个挑战。

我们再来采访一名学生，看看他有没有不同的感受。

【采访固原二中学生兰鑫磊】

您好同学，我能简单问你几个问题吗？

你叫什么名字呢？

这是第几次参加活动？

在你看来，这一次相比于第一次最大的区别是什么？

上一次参加这个活动时哪一个环节让你感触最深？

除了你刚说的擦拭墓碑的时候让你很感动外，还有让你感动的事情吗？

在你看来，第一次走完后对你初中生涯有什么激励作用吗？

有什么话想对第一次参加活动的同学说的吗？

好的，谢谢你。

1. 我们可以听到现在每个班的学生都在唱歌，唱的什么歌？歌声怎么样？让我们一起来听听。

2. 前面我们提到了固原市委和政府对学校进行红色教育的大力支持，这源于固原市也是革命老区，除了解放宁夏的第一仗是在这里打响的以外，1935 年 10 月，毛泽东率领中央红军翻越六盘山，写下了气吞山河的壮丽辞章《清平乐·六盘山》。这座山被称为是胜利之山，因为六盘山是红军长征翻越的最后一座大山，翻越六盘山之后用了不到十天时间就到达陕北，可以说红军长征从这里走向了胜利。

3. 我们在活动开始前搜集资料时发现，学校非常有心地把每一年学生们参加完活动后写的相关作文都装订成册，留作纪念，这几乎是每个学生的成长记录，在这些作文里，我看到了一篇又一篇感人至深的作文，一届又一届的校友们用文字记录下徒步的全过程和感想。下面我节选几段我印象深刻的段落与网友们分享一下。

"站在那一座座庄严而又肃穆的墓碑前，我们仿佛看到了当年为解放宁夏而牺牲的烈士们浴血奋战的情景，他们视死如归，不怕牺牲，把满腔热血喷洒在解放宁夏的大地上。同学们拿出准备好的纸巾，有的甚至用衣袖来擦拭墓碑上的尘土，青山处处埋忠骨，后辈岂可忘忧国，我们一定会珍惜今天这来之不易的幸福生活……"

"108 里山路如果让我一个人独行，我连想都不敢想，但在班集体中我却坚持走完了全程，我第一次真正感受到了集体的力量，懂得了个人和集体的关系……"

"我看到那黑色的墓碑上，有的有名字，有的没有名字，我不禁思绪万千，他们为解放事业与敌人浴血拼杀。视死如归的场面让我热泪盈眠。山河壮丽，精神永存，缅怀革命先烈丰功伟绩，使我深受教育，永远铭记在心。"

"每走一步都很艰难，仿佛有一只手在使劲拽着你，不让你完成下一步，书包带子勒得肩膀生疼，鞋一次又一次从脚上滑落。天虽冷，我却早已满头大汗，可环顾四周，同学们都在相互扶持，相互鼓劲，再想想红军长征，我们怎能被这沉重的泥土束缚！我咬咬牙，继续向山顶走去，雨水使眼前的视线模糊了，而我心中的方向却更加清晰。"

"青山处处埋忠骨，后辈岂可忘忧国。我们在途中体味长征之艰险、英雄之无畏、集体之强大。我知道，我们通向的不仅是任山河烈士陵园，还是少年们更加坚定勇敢的心。这就是我们后辈对先烈们最好的告慰。"

此外，每年的活动还有一些家长也陪同孩子一起走完全程，他们在徒步后也将自己的所思所想发给了老师，有一位家长写道"我虽不是弘文学子，但我有幸陪女儿走完了全程，天不亮就出发了，一路上天降雨雪，道路泥泞，孩子们，用脚板丈量54公里的坎坷路途。尽管天气不尽如人意，可孩子们的精气神一点儿都不差，跌倒了，再爬起来，大手拉着小手，无数双手紧紧地拉在一起，每一根指尖都传递着力量和爱，甚是感动。"还有一位家长写道"山路漫漫人心齐，步履坚定信念强，累了就互相搀扶，落伍了就默默陪伴。回校的路上，我也气喘吁吁，但我看到更多的是孩子们手拉手互相鼓劲，没有一个人哭闹着说要放弃，没有一个人挣扎着想要掉队。山路坑坑洼洼，但我们的心中是坦途大道，走再远的路，经历再多的风雨，都不能将我们打倒。这一天，对于孩子们，对于我，都将是一次刻骨铭心的旅程……"

（如素材不够，可介绍固原市的情况，地理位置、红色资源等）

现在我们可以看到学生们将离开市区的主路，沿着乡村小道继续前进，接下来他们将途经黄峁山和青石峡水库。与主路相比，这一段路困难非常多，并不好走，还请网友跟随我们的镜头，一起来为学生们加油鼓劲。

5:50—6:30【无人机镜头】

6:30—7:30【演播室素材＋采访嘉宾】

各位网友大家好，这里是人民网独家直播的"徒步'任山河'，师生传薪火"直播现场。今天早晨，宁夏固原市第二中学和固原市弘文中学千余名师生，从固原市区出发，徒步前往彭阳县古城镇任山河烈士陵园，祭奠缅怀革命先烈。整个路程共54公里，全程需要15个小时左右，坚持至今已经29年了。

刚才我们通过前方的镜头也看到了，孩子们早晨5点就出发了。他们即将沿着崎岖的山路一路向上，翻过黄峁山，而这一段路程是没有网络信号的，所以一会儿等孩子们到达山顶，有信号时我们再连线前方。

【接素材衔接语后放片】

在这个活动开始前，固原二中也为孩子们准备了主题班会，主持主题班会的张红梅老师曾经也是这个学校的学生，参与了第二届徒步任山河的活动，她在学校的新时代思政教育馆，与学生们分享了她对这个活动的感想感悟，我们一起去看一下吧。（7分钟）

【接思政课素材衔接语后放片】

我们刚才看完了张红梅老师与孩子们分享的经历与心得。在徒步活动前，弘文中学殷万香老师也为孩子们准备了一堂主题班会，听说她还为同学们准备了惊喜，我们一起去看一下。（20分钟）

刚才在视频中，我们也看到殷老师为学生们准备的惊喜，原来是由活动的发起人、固原二中原校长韩宏以及远在意大利米兰的学姐台尧给孩子们录的鼓劲视频。我相信刚才台尧的一句话给大家留下了很深的印象：每个人都有梦想，只要有坚持把它做下来的勇气和毅力，一切皆有可能。我想，这可能就是这个活动带给参与过的学生的意义吧。

今天我们的演播室也邀请到了两位嘉宾，一位是固原二中老师张小玲，另一位是固原二中的校友段文君，欢迎二位。

【固原二中校友段文君】【固原二中教师张小玲】

【段】文君刚才也看到了前方孩子们徒步时的情景，是不是一下子勾起了自己的回忆？

【张】张老师您呢，当时有参与吗？

【段】我们了解到，学校每年会征集学生们行走任山河的感想，并出一本作文专辑，我看到今天您也带来了一本，跟我们分享一下吧。

【段】从刚才分享的字里行间我们能看到了坚毅和坚持。那你觉得这次活动，对你成年后的人生经历有什么影响呢？

【张】刚才文君也提到了，"这才是最好的教育"，张老师您如何理解？

【段】听说文君现在工作经常和青少年打交道，你认为，如何引导青少年扣好人生第一粒扣子？

【张】张老师在教师这个工作岗位已经30多年了，也获得了不少荣誉。您认为，办好思政课，教师应该如何发挥主观能动性呢？

各位网友，我们刚刚获悉，孩子们目前已经到达了山顶。接下来，我们继续连线我的前方同事，请她介绍一下现场的情况。

7:30—8:00【山顶】

谢谢主持人，现在是北京时间 7 点 30 分，距离我们学生出发已经过去了近 3 个小时，我现在所处的位置是学生徒步路程的三分之一处，学生到达这里后，也意味着经过了行走比较困难和吃力的一段路。

由于路程中有很长一部分都地处偏僻的山中，为了保障活动的顺利进行，宁夏移动也特意在一些地方搭建临时信号站，方便前方老师与学校进行联系。

现在我们可以看到已经有学生出现在了镜头里，也能清晰地看到这一段土路是比较窄的，学生是从山底一路爬到了山顶。由于这两天固原市下起了雨，脚下的这条路已是泥泞不堪，更是增加了前进的难度。尽管如此，我们可以看到学生们不轻言放弃，互相搀扶，互相帮助着一起向着烈士陵园前进。

那么在开展这项活动前，学校都作了哪些准备工作？这项活动对师生们起到了什么作用？我们请到了弘文中学的校长来为我们一一解答。您好校长！请先作一下简单的自我介绍。

【弘文中学校长】

弘文中学参加此次徒步活动的基本情况是什么呢？

从 1995 年开始，这项活动已经举办了 29 年，这中间基本没有中断过的原因是什么？

有没有印象深刻的事情？

好的，谢谢任校长。

那我们再来采访几名学生

【采访弘文中学学生白静怡】

您好，同学，你是第一次参加这个活动吗？

走到目前感觉怎么样？体力还能跟上吗？

参加这个活动前有什么想法，期待还是担心？

现在你们已经行进了三分之一的路程了，和最开始想象的一样吗？

好的，谢谢，那同学你叫什么名字呢？

【采访弘文中学学生刘阳】

身边的亲友知道你参加这个活动吗？他们是如何给你加油打气的？

你了解任山河战斗吗？对它印象最深的是什么？

活动开始前，学校和老师们有为你们量身打造一些相应的课程吗？都有哪些呢？

刚才白同学说到，她在活动开始之前是比较担心的，那你呢？也和她是一样的感受吗？

好的，谢谢你

现在我们可以看到固原二中的队伍也到达了我们的采访点，我们来了解一下固原二中的情况。

（拦住走在队伍前面的校长）

您好校长，我们耽误您几分钟的时间，可否接受一下我们的采访？

我们刚才看到您走在队伍的最前面，您今年是计划陪同孩子们走完全程吗？您现在陪同学生们走过几次呢？

好的，今年固原二中参加活动的基本情况是什么呢？

我们刚才采访弘文中学学生时了解到学校在活动开始前作了很多准备工作，那固原二中也是一样作了很多准备工作吗？

这个活动作为"行走的思政课"，您认为给学校师生带来了什么影响？

好的，谢谢您，也预祝您和学生们能顺利走完全程。

徒步还在继续，可以从我们的镜头中看到孩子们的精神状态还是很好，目前没有出现掉队的情况。我们现在再采访几名固原二中的学生，听听在经历了这一段路后，他们现在的所思所想。

【采访固原二中学生马海蕊】

您好，同学，你叫什么名字？你是第几次参加这个活动？

和上次相比有什么不同的感受吗？

上一次你走完后有没有将自己的感想记录下来？哪一句话还让你记忆犹新？

3 年过去了，哪一段回忆还刻在你的脑海里？

好的，谢谢你。

【采访固原二中学生袁瑞】

你是第几次参加这个活动呢？

与你们走过的同学聊天时，他们有说些什么吗？听完这些后，对于这个活动你更多的想法是什么呢？

现在已经走了将近 3 个小时了，你现在的想法还和之前的一样吗？

活动结束后，你有没有什么想做的？

【采访固原二中学生虎森强】

您好同学，请先简单地介绍一下自己

这是你第几次参加这个活动呢？

你之前听说过这个徒步活动吗？中考结束后，你选择固原二中时，有过胆怯吗？

那你想要放弃吗？实在走不下去了，学校还是有车辆保障的。

现在你有什么话想对自己说吗？

好的，谢谢你

【描述现场情况】

（学生快走完后）相信通过刚才两位学校负责人的简单介绍和几名学生的感想，网友已经对今年的"徒步任山河活动"有了一个初步的了解。

那这个活动是什么时候开始的？当初为什么会想到以徒步的形式来祭奠英烈呢？此次活动，我们有幸邀请到了活动的发起者、固原二中原校长韩宏做客我们的演播室，来听听他为我们讲述活动背后的故事。

7:40—9:40【演播室采访嘉宾＋视频连线＋稍早画面】

好的，梦婕。那今天我们的演播室，也很荣幸请到了此次活动的发起人、固原二中原校长韩宏，以及宁夏六盘山干部学院、中共固原市委党校教研部副主任亓梦楠。韩校长您好，梦楠你好。

【现场采访：韩宏】

我们先来采访一下韩校长，您作为发起人，当时发起这个活动的初衷是什么？

其实这个活动坚持了这么多年，也受到了外界的很多关注，有赞赏也有争议，有部分人认为在物资丰富的当下，没必要让孩子受这个苦，您怎么看待这些争议呢？

现在您已经退休了，离开了教育一线，听说学生们见到您，都会讲起当年徒步任山河的经历，您认为这个活动带给学生们最大的收获是什么？

其实，通过刚才的采访，我们也了解到韩校长发起这个活动的初衷，是着眼于学生们的长远发展。从目前来看，韩校长的愿望已经实现，所希望达到的效果也已实现。那如何通过此类活动，加强对青少年的爱国主义教育，对此，我们将连线宁夏回族自治区团委学校部（少年部）副部长、少先队总辅导员王晓丹，请她来谈一谈。

师生徒步任山河坚持了近30年，这对于学生的爱国主义教育来说，有何现实意义？（6分50秒）

好的，王部长。那么您认为，思政课如何与社会实践相结合？共青团如何更积极主动地融入大思政体系中？（7分50秒）

【现场采访：宁夏六盘山干部学院、固原市委党校教研部副主任亓梦楠】

好的，谢谢王部长。那刚才王部长也提到，要推动学生深入社会大课堂，把"点名课"变成"网红课"。我们知道六盘山干部学院，也开设了以红色基因传承为核心的党性教育课程体系，梦楠，你认为，如何提高思政课"抬头率"和"满意度"？

我们现在所处的这个地方，曾经"苦瘠甲天下"，但是现在甩掉了贫困的帽子，你认为，如何将讲好西海固的脱贫攻坚故事作为宁夏思政课教师的重要课题？

其实我们一直在探讨一个话题，要用好宁夏的红色资源。那以这个活动为例，你觉得我们如何把丰富鲜活的红色资源转化成直抵人心的育人力量？

刚才梦楠提到了我们要讲好脱贫攻坚故事，更要讲好党的故事、革命的故事，那其中的不变的主题，就是我们还是要加强革命传统教育、爱国主义教育，把红色基因传承好。那么接下来，我们将视频连线中共宁夏区委党校党史党建教研部主任李喆，听听他的见解。李喆教授，您好。对于我们现在直播的这堂行走的思政课，您认为，对于学生有怎样的思想引导作用？如何激励青少年树立"强国有我"的远大理想？（2分半）

好的，李教授。那么您认为，党校应该如何守好党性教育的"阵地"优势？践行好党校"育人"的初心？还有一个问题，就是您怎么理解年轻干部要切实做到"五个自觉"？（10分40秒）

好的，谢谢李教授。我们都知道，宁夏是一片有着光荣革命传统的红色土地。您认为，宁夏如何用好用活红色资源？（4分15秒）

好的，谢谢李喆教授接受我们的连线采访。

固原这两所学校，通过这样的方式祭奠英烈，有网友表示，走的是磨炼，传的是精神。那其实我们还是很触动于这两个数字，一是徒步54公里，路途之长；二是持续29年，中间几乎没有中断，时间跨度之久。这样规模庞大的活动，想要办好其实并不简单，离不开教育部门、公安、交通、团委、医疗、蓝天救援队等各方的支持和协调配合。很多参与徒步的师生感叹，最好的教育应该是亲身经历。

那在这，我们可以探讨一下，革命先烈的事迹在课本上是能够学习到的，但是将教育搬出课堂，二位觉得意义在哪里呢？

前面我们也与韩校长探讨过，这个活动其实也面临着不少争议，但是我们了解到大多数家长都是非常支持自己孩子去参与的。

二位觉得，这54公里的路上，学生们都能学到什么？

如何理解这种形式的红色教育？

我们在这也想抛出一个话题，徒步54公里，追的是什么星？

好的。目前孩子们还在行进过程中，还有部分刚进入观看我们直播的朋友，我们可以看一下稍早前的画面，再回顾一下孩子们凌晨5点出发前的情景。（衔接稍早前画面）

我们刚刚从前方获悉，孩子们现在已经走了三分之二的路程，通过前方的镜头，我们再去现场看一下。（转无人机镜头）

10：40—11:00【任山河烈士陵园前两公里】

各位网友大家好，您正在收看的是人民网独家直播《徒步任山河，师生传薪火》，现在我所在的位置是彭阳县古城镇，还有不到两公里的距离，学生们就将到达任山河烈士陵园。

在这之前，我先给大家简单地介绍一下任山河烈士陵园。

任山河烈士陵园位于彭阳县古城镇任河村，始建于1955年，是区市县三级爱国主义教育基地。1996年被国务院批准为"全国第三批革命烈士纪念建筑物重点保护单位"，2009年被国家国防教育办公室命名为"全国首批国家国防教育示范基地"，2015年被民政部评为"全国文明优抚事业单位"。

1949年7月31日，中国人民解放军第一野战军第十九兵团六十四军在曾思玉军长的率领下，在任山河打响了解放宁夏的第一仗。为纪念在这次战斗中牺牲的364名解放军指战员，1955年4月1日，原固原县人民委员会修建了此烈士陵园。彭阳县先后两迁四建，2009年，民政部争取国家专项投资对陵园进行大规模改扩建。新陵园占地4万平方米，正中间是吊唁广场，从吊唁广场向北经过64级台阶登上北面的平台，64象征着参加任山河战斗的解放军第64军。陵园象征性建筑物——革命烈士纪念碑高19.49米，象征着1949年的任山河战斗，正面中央刻着

"革命烈士永垂不朽" 8 个仿毛体大字。

碑阴铭刻着原中国人民解放军六十四军军长、任山河战斗总指挥曾思玉将军的题词 "正气留千古、丹心照万年"，园内共安葬着烈士 396 名，其中有任山河战斗牺牲的 364 名解放军指战员，红一方面军长征途经彭阳牺牲的 4 名红军战士；中共地下工作者、中华人民共和国成立后剿匪牺牲的革命战士、敌后武工队员、殉职的革命干部等 21 名；对越自卫反击作战牺牲的 1 名战士；2013 年从甘南自治州搬迁回来的 1 名战士。2023 年从其他烈士陵园搬迁进来的散葬烈士 5 名。

为了保障学生们的安全，相关部门临时封闭了道路，不让车辆随意通行，能从这些点点滴滴的细节上感受到成年人对孩子们的护卫之情。

麻烦摄像给弘文中学班级旗帜一个镜头，我们可以看到弘文中学每个班级的旗帜非常的与众不同，并不是传统意义上的七年级几班，而是……在这之前我们了解到，为了增强学生们的凝聚力和归属感，班级的名称是新生入学后投票选出来的，这些名称包含着孩子们对自己的期望与方向。

11:00—11:25【讲解员采访】

我们现在已经到达了任山河烈士陵园，为了更好地了解这场战斗，我们邀请到了陵园的讲解员孟海迪。在祭奠仪式开始前，先跟随海迪一起了解一下任山河战斗的基本情况。

（时间控制在 15 分钟左右）

谢谢海迪为我们带来的讲解，让我们了解到 75 年前这场解放宁夏的第一仗。

现在我们可以看到学生们已经列队完毕，清明祭扫仪式也即将开始，

各位网友可以跟随我们的镜头一起进行云祭扫，缅怀牺牲的英烈。（固原电视台）

11:25—11:45【任山河纪念仪式】

11:45—11:50【演播室结束语】

各位网友大家好，这里是人民网独家直播的"徒步'任山河'，师生传薪火"直播现场。今天早晨，宁夏固原市第二中学和固原市弘文中学千余名师生，从固原市区出发，徒步前往彭阳县古城镇任山河烈士陵园，祭奠缅怀革命先烈。

目前，经过约7个小时长途跋涉，全体师生已经安全到达任山河烈士陵园。随后经过简单的休整，孩子们还将继续徒步返程。

从早晨5点开始，我们见证了孩子们单程徒步的整个过程，我相信每个见证者现在心里也都是热血沸腾的，同时也被孩子们的精神和勇气所深深地打动。

韩校长和梦楠看完有什么感想感触呢，与大家分享一下。

好的，谢谢你们的分享。其实正如刚才二位谈到的，20多年来，学校利用当地的红色资源，有效打通了"小课堂"与"大世界"之路，使革命传统教育和当代青少年成长充分对接，身体力行地感受革命精神及幸福生活的来之不易。我相信，这次行走的思政课，能够让爱国主义在学生的心中"生根"。我也相信，这场征途对于学生们来说，不仅是青春无法磨灭的记忆，更是成长路上永不枯竭的动力。

今天的直播到此结束，感谢各位网友的观看，再见！

七、采访稿

1. 我们了解到宁夏六盘山干部学院开设了以红色基因传承为核心的

党性教育课程体系，你认为，如何提高思政课"抬头率"和"满意率"？

我想从三个方面来回答。

一是问题导向。我们常常听到学生抱怨思政课"不走心"，甚至有人将其视为"枯燥无味"的代名词，难以触动学生的心灵。或者说讲述的东西和学生的生活、学习有隔阂。比如，我们去向学生讲述一段历史，老师所依据的是教材和大纲，但是这段历史中学生真正感兴趣的是什么？我们往往会忽略，我们总是以自己的想法去告诉学生这个理论或者观点很重要，没有转换角色从学生的角度去想一想。这其实就是老师备课中的思维盲区。因此，备课前适当地调研是非常有必要的，只有这样才能掌握正确的切入点。

二是内容鲜活。什么样的故事最鲜活、最感人，不是长篇大论而是生活、是细节。挖掘红色资源其实就是找到历史的微小片段，革命先烈不是圣人，是普通人，他们有着自己的喜怒哀乐，在时代洪流中，他们将自己融入时代、奉献给时代，那种生活化、细节化的故事才是最能感动人的故事。这就是我们要找的连接历史和现实的桥梁。一位干部学院的老师在井冈山革命烈士陵园的讲解中讲到了这样一个细节：那些革命烈士的名字里，有刘二猪、刘三猫这样的，你一看这名就知道他是最底层的人民。对这些人来说，他们没有文化，没读过马克思的大部头，但马克思主义让他们第一次从麻木中清醒了，可以为了未来前仆后继地去牺牲。这就是历史的细节，这就是最好的教学内容。上思政课不能只念教材。教材就像一张地图，老师要带着学生通过教材的'地图'，寻找知识的'景点'。当然，这对老师的要求就很高了，知识储备要充足、视野更要广阔。

三是方法得当。思政课之贵，在于那深邃的"思"字。思政教育，不仅仅是传授知识，更要用思想来激发学生思考。因此，要实现教学方法从"教"到"促"的转变，由普通的灌输到促进学生主动思考、主动实践的转变。我们要鼓励学生敢于质疑，敢于挑战权威。只有这样，他们才能在思考中不断进步，不断成长。这种方法就很多啦，情景模拟、角色扮演、实践体验等等。举个简单的例子，提前预习功课的学生有多少？再进一步问，提前预习思政课的学生有多少？我觉得占比不是很大。但如果这堂课是需要上台表演或展示的课，那么准备的人就会很多、甚至于他们还会利用网络搜集更多的资料来充实自己的论点。而这样的学习，往往比听课要印象深刻得多。我们经常强调：好的课堂教学是通过有限的知识学习上升到方法论和价值观的教学。课堂只是提供了一个平台、一种手段和一个机会或者过程，它重在通过学习的过程让孩子学会"求"的方法、激发更深入去"求"的渴望，而不是知识掌握本身。

2. 我们现在所处的这个地方，曾经"苦瘠甲天下"，但是现在也甩掉了贫困的帽子，您认为，如何将讲好西海固的脱贫攻坚故事作为宁夏思政课教师的重要课题？

讲好西海固脱贫攻坚的故事应坚持以真实吸引人、以情节打动人、以细节感化人。

感人的故事往往源于生活、源于群众、源于奋斗。西海固地区能够从苦瘠甲天下变成脱胎换骨的地方，是我们党带领干部群众发挥"领导苦抓、干部苦帮、群众苦干"的三苦作风，扎扎实实干出来的。其间我们所经历的每一件事、每一个细节，都是讲好脱贫攻坚故事的好素材。这就给我们老师提出了高要求，我们一定要走出校园，走下基层，走进基层干部群众中，才能在真实的情景、真切的讲述中去体验基层干部群众脱贫攻坚过程中的酸甜苦辣、忧虑与急切、成功与喜悦，通过真人、真事、真心话，感染身边人、引领身边人。在很多资料中都会说西海固地区缺水，直到2006年西海固地区还有近80万人在为喝水疲于奔命。而最常提到的就是"井窖"。

讲脱贫攻坚故事，一定要注意不要过分渲染西海固的贫困和苦难。苦难本身没有什么意义，有意义的是你去克服它、你从中吸取的教训、总结的经验、提升的能力。讲西海固脱贫攻坚的故事，不是为了哭穷、哭惨，而是要去凸显西海固贫困背后人们所拥有的坚定意志、破釜沉舟的勇气。

3. 我们一直在探讨一个话题，就是如何把丰富鲜活的红色资源转化成直抵人心的育人力量，对此您怎么看？

红色资源是我们党艰辛而辉煌奋斗历程的见证，是最宝贵的精神财富。这些遍布祖国大地的红色资源，见证着我们党走过的光辉历程、取得的重大成就，展现了我们共产党人的梦想和追求、情怀和担当、牺牲和奉献。而要实现这一转化，不是一个人、一个单位能做到的，也不是一时一刻就能完成的。需要的是各部门精诚团结、久久为功。比如说：对红色遗迹、红色文化的保护，对红色资源的学术研究，这些都不是一时一刻能做到的。需要党史研究部门、大学、党校、文旅、教育等部门协同配合才能达到我们预想的效果。

单从老师个体来说，还是大有可为的。比如说：对每一个红色故事的历史渊源以及历史事件的过去、现在、未来的影响等方面进行深入研究，将故事背后那些充满人文精神和革命情怀的人物、事件挖掘出来。

然后以观众喜闻乐见的讲解形式把红色故事中蕴含的革命精神和时代价值讲出来。历史、现实、未来是相通的，我们要把党的不懈奋斗史、思想探索史、自身建设史与近代中国历史衔接起来，深刻领悟坚持中国共产党领导的历史必然性，深刻领悟马克思主义及其中国化创新理论的真理性，深刻领悟中国特色社会主义道路的正确性，从党的辉煌成就、艰辛历程、历史经验、优良传统中深刻领悟中国共产党为什么"能"、马克思主义为什么"行"、中国特色社会主义为什么"好"。我们要走进党史，与党史对话，才能增强对党史的情感，加深对党史的理解。

我们一定要讲好党的故事、革命的故事、根据地的故事、英雄和烈士的故事。摒弃空洞说教。最好是用语言生动地描述先进人物内心跌宕起伏的曲折，让典型性人物有"非典型性"的精神力量，潜移默化地将所蕴含的时代价值和精神意义渗透进受众心灵深处，真正使先进典型可亲、可敬、可学。

当然，我们还可以在讲授形式上多下点功夫，以图片、视频等直观的方式展示，配上适宜的音乐烘托气氛；或者是以体验式、问答式、竞赛式、情景模拟等方式展现。我举个例子：我们院校在党性教育中探索出"六个一"特色教学模式，即聆听一次精品党性教育课，夯实理想信念之基；追寻一次红色足迹，走好新时代长征路；深入一次民族团结教育基地，铸牢中华民族共同体意识；参观一次历史文化博物馆，感受丝路文化魅力；观摩一批乡村振兴示范点，弘扬脱贫攻坚精神；开展一次"三同"锻炼，强化公仆意识。在这个教学模式下。每一条对应的课程包括但不限于专题讲座、现场教学、案例教学、互动教学等多种形式。可以说我们架构起的课程体系是生动、灵活、立体、互动的。

最后，需要特别强调的就是要把"学校小课堂"与"社会大课堂"紧密结合。多组织参观寻访、创新创业、志愿服务和生产劳动等实践项目，让师生将课上知识学习与课下体验结合起来，更好地了解世情、国情、党情，帮助学生在实践一线深刻体悟党的创新理论的真理魅力和实践伟力。

4. 如何理解最好的教育是亲身经历？

南宋诗人陆游晚年时写了一首教子诗，里面就有一句我们耳熟能详的诗句："纸上得来终觉浅，绝知此事要躬行"。我们对从纸上得来的知识感受总不是很深刻。对事物根本或本质的认识，往往来自生活实践中自己的真实体验，很多东西只有自己碰过壁，吃过苦头，走过弯路，才真正明白其中的道理。教育学生的时候，只有放手让他们自己尝试，即使吃苦受累，也是值得的。随着物质生活条件的改善，人们的生活变得越来越便利舒适，我们往往忽视一些精神追求与毅力塑造层面的事情。甚至在讲述革命先烈艰苦奋斗、吃苦耐劳精神时，得不到学生的认同，竟然还会有类似"何不食肉糜"的疑问，分不清麦苗和韭菜等事情。

其实现在很多学校都在加大对学生的体验式教学，比如每个班会有一片菜地，孩子们都要去劳动。是不是？

现实生活中，学校在红色教育、爱国主义教育上组织了许多实践活动，但我认为在如何促使这些活动更入脑入心，释放出多重价值和意义，还需要我们继续探索。

5. 学生在徒步过程中学到了什么？

徒步任山河，对学生们来说走的是革命路，传的是红色血脉。学生们在徒步过程中，不仅在锻炼身体、锤炼精神，更是通过这种方式铭记革命先烈上下求索乃至牺牲生命的壮举和奉献，从而更加珍惜当下的美好，进而增强对国家和社会的责任感。

心中有信仰，脚下有力量。支撑着红军战士们奋勇向前的是他们心中对共产主义理想的信仰与信念。如今我们走在前往任山河烈士陵园的路上，仿佛还能感受到当年解放军战士浴血奋战的情景，他们的伟大功绩被我们铭记，他们不畏艰险、无私奉献、英勇牺牲的伟大精神永世长存。

对我们每个人来说，人生的路比长征的路更远，没有一马平川的长征，更没有一帆风顺的人生。走完了108里，是在挑战自己体力的极限，而后的生活中即使遇到再大的困难，我想他们也不会退缩。革命精神不是写在书上，记在笔头的名词，它是能够转化为可感可行的真实行动的。

6. 这个活动追的是什么星？

追的是革命先烈这个启明星。他们牺牲时平均年龄是二十多岁，他们将最美的青春，甚至是宝贵的生命献给了事业、献给了祖国、献给了人民，这份忠诚、坚守值得我们"追捧"，这份担当、无畏值得我们"追捧"，他们是我们该追的"星"。

其实我想很多了解任山河战斗细节的人都会在想，为什么他们不怕死，为什么在身受重伤时他们仍然在冲锋。答案我们每个人都知道，但是不是每个人都理解。这是马克思主义信仰的力量。所以燕飞班长能在负伤六处，肠子都从腹中流了出来的情况下，强忍剧痛，将肠子塞回腹中，脱下军装堵住伤口，用腰带扎紧，继续作战，直至流尽了最后一滴血。因为一个真正的共产主义战士，他的心是活在未来的，他完全沉浸在一个美好的理想当中，他已经感受不到自己身上的疼了，信仰的力量已经为他冲散了死亡的恐惧。

1840 年鸦片战争后的中国满是颠沛流离、饥寒交迫；而今天早已是安宁祥和、生活富足。这一切的改变，离不开那些为了理想信念、为了民族解放、为了国家自强而抛头颅、洒热血的革命先烈们。这些我们熟悉的、不熟悉的名字故事，闪耀着同样的伟大的品格、伟大的精神，在漫漫历史长河里留下耀眼"星光"，始终引领我们在新时代不懈奋斗。这，才是我们该追的"星"。

"红色之旅"思政实践课案例

一、成果简介

成果名称："红色之旅"思政实践课案例

研究起止时间：1995 年 4 月起始，2021 年 12 月完成

关键词：红色之旅、爱国主义教育、思政实践课

1. 成果简介

2022 年 4 月 25 日，习近平总书记在中国人民大学考察时强调，要落实立德树人根本任务，传承红色基因。广大青年要做社会主义核心价值观的坚定信仰者、积极传播者、模范践行者，向英雄学习、向前辈学习、向榜样学习，争做堪当民族复兴重任的时代新人，在实现中华民族伟大复兴的时代洪流中踔厉奋发、勇毅前行。

宁夏固原市弘文中学践行"立德树人"的育人初心，每年清明节组织师生徒步往返 108 里到任山河烈士陵园进行祭扫活动。26 年的坚持不懈铸就了弘文人"不怕困难，敢于挑战，团结拼搏，坚持到底"的意志力和以爱国主义、集体主义为核心的思想品质，坚定了弘文人"传承红色基因，争做时代新人"的信念。

第一，创新了"移动的红色思政实践课"的育人模式。红色资源是我们党宝贵的精神财富，具有独特的育人功能。弘文中学"红色之旅"

思政实践课在理论上继承党的思想政治教育重大成果，与具体思想政治教育教学实践相结合，让学生走出教室接受挑战，通过参与、体验和感悟，树立爱党、爱国、爱社会主义的家国情怀，打造了"移动的思政课"，构建了具有一定推广价值的大思政课育人模式。

第二，形成了家校协同、社会联动的育人途径。26 年"红色之旅"思政实践课的坚持与发展，形成了家校协同、社会联动的育人途径。以红色之旅为纽带，以动员、理解、支持、参与为一体，带动社会各界人士与家长一起参与此项活动，共同缅怀烈士，重温历史。"红色之旅"已成为本地区爱国主义教育经典范例，推动形成了固原乃至宁夏地区的红色教育热潮。

第三，树立了爱国拥军典范。26 年来学校始终把"红色之旅"思政实践课和军民共建活动相结合，积极开展爱国拥军活动。到 2021 年底，在弘文中学就读的军属（含退役）子女有 530 多名，占学生总人数的 24%。同时，学校通过"红色之旅"思政实践课坚定学生爱国拥军的信念，引导学生立从军之志，已有逾百名弘文学生投身军队与国防建设。如今的弘文中学是国家级和自治区级的"爱国拥军模范单位"。

第四，培养了青少年的核心素养。弘文中学"红色之旅"充分培养了中学生核心素养，引导中学生在人文底蕴深厚的固原地区学习优秀文化，徒步百里祭扫烈士陵园，体现了中学生敢于担当、勇于奋斗的精神。同时，此项活动也充分体现了中学生的积极健康的生活情趣，合作参与、实践创新的能力，以及深厚的家国情怀。"红色之旅"始终坚持为党育人、为国育才的初心和使命，让学生的脑力与体力均衡发展，使学生不仅学会自主学习，而且在学习中充满探索精神，促进了学生的德智体美劳全面发展。

2. 解决的主要问题、解决问题的过程与方法

（1）主要问题

当代青少年缺乏奋斗精神和团队意识，缺乏对"四史"的深入了解。学校需要通过思政实践课活动磨砺他们的意志、坚定他们的思想，引导他们弄清楚中国共产党为什么"能"、马克思主义为什么"行"、中国特色社会主义为什么"好"等基本内涵，做到坚定不移听党话、跟党走，在学习生活中发扬红色革命精神。

（2）解决问题的过程与方法

①实践活动前期准备（每年3月1日—4月3日）

前期动员：每年春季开学，学校通过班主任会、主题班会、主题板报等形式进行广泛宣传，同时组织学生观看红军长征、解放战争等影片，让学生全面了解此项活动的相关背景。组织学生学唱革命歌曲，阅读《红色之旅》等资料，并通过召开隆重的动员大会、授旗仪式和为期一个月的专项体能训练，激发学生参与此项活动的热情，增强学生挑战自我的决心和勇气。

统一部署：为了保障实践活动安全有序，学校获得社会及家长的支持，与当地公安、教育、卫健、安监、新闻媒体、蓝天救援组织等相关部门联动，全程协助参与，及时处置可能出现的突发情况，确保活动安全圆满完成。

②实践活动开展过程

负重开拔：黎明时分，校长号令，全体师生高唱红歌、负重开拔，让学生在徒步往返108里的过程中磨炼坚忍不拔的意志力、团结友爱的

协作精神和争创佳绩的荣誉感。

祭扫陵园：于正午到达任山河烈士陵园，学生为烈士敬献花篮、拭擦墓碑、默哀，真切感受到"岁月静好，只是因为有人在为我们负重前行"，同时在陵园内进行演讲、宣誓活动，树爱国情、立少年志。

③实践活动后期总结（每年4—6月）

学生成长：返校后，学生通过书写心得体会、国旗下演讲、主题班会、专题研讨会等方式提炼此项活动的价值和意义。学校制作"红色之旅特色文集"，刻录活动纪实光盘，推广"移动的思政课"模式。

师生共情：师生同走一条路，108里的征途让师生间彼此更了解、更信任，一路的帮扶与鼓励、磨炼与考验拉近了师生情、促进了团队谊。

社会反响：新闻媒体通过实时播报传递教育正能量。

3. 成果创新点（800字以内）

（1）红色之旅的价值导向与思政课的使命担当高度契合

思想政治课是培养合格的社会主义建设者和接班人的主渠道、主阵地，肩负着理论武装、价值引领、立德树人的重大使命，关系到"培养什么人、怎样培养人、为谁培养人"这一根本问题。开展红色之旅思政实践课，是解决思政课理论与实践脱节、校园与社会脱节、历史与现实脱节等问题的重要途径。"红色之旅"以走好新的长征路为契机，在实践中培养青少年牢固树立"听党话、跟党走"的坚定信念，确保了思政课"政治认同、科学精神、法治意识、公共参与"核心素养的落实。同时引领青少年树立正确的世界观、人生观、价值观，把爱国情、强国志、报国行自觉融入日常的学习生活中。

（2）创新"移动的思政课"实践育人模式

以参与、体验、感悟为一体的"红色之旅"，在实践中引导学生从事件中探寻背景故事，加深学生对课堂理论知识的理解，接受红色教育洗礼，使学生在活动中学习"四史"、汲取奋斗力量、继承先烈遗志、传承红色基因。学生通过亲身体验，感悟今日太平来之不易，吾辈自当刻苦学习、奋发图强，使自己成为祖国建设的栋梁之材。同时形成了以"红色之旅——移动的思政课"为纽带，家校协同、社会联动的育人模式，拉动社会各界一起支持并参与此项活动，以动员、理解、支持、参与为一体，共建红色教育生态。

（3）辐射和带动周边学校开展爱国主义教育

"红色之旅"已成为本地区乃至全国爱国主义教育的经典范例。26年的坚持不懈引起了社会各界的广泛关注，在当地乃至全国新闻传媒中掀起浓厚的红色研学氛围。在弘文中学的带动和影响下，固原八中、固原六中、隆德二中、西吉中学、西吉将台中学及社会各界先后组织徒步六盘山、将台堡等红色教育基地开展爱国主义教育，具有一定的辐射作用和推广价值。同时引导本地区其他学校把"红色之旅"与爱国拥军紧密联系在一起，创新国防教育和军民共建活动，以此激发学生的国防意识和爱国热情，树立国防观念和家国情怀。

二、成果应用及效果

在本单位实践检验时间：1995 年 3 月开始至今未中断。

作为宁夏南部山区初级中学教育的窗口示范学校，弘文中学充分利用当地红色资源，探索出了继承革命传统、传承红色基因的思政教育特色实践案例（即清明节徒步往返 108 里任山河烈士陵园扫墓——"红色之旅"活动）。这项活动自 1995 年开始，26 年来始终如一，现已成为宁夏乃至全国思政实践课和国防教育的典范，铸就了"红色之旅"思政课教育品牌。

徒步往返 108 里前往任山河烈士陵园扫墓绝不是用一天时间走了 108 里路那么简单，也不仅仅是一次平常的扫墓活动，而是给孩子们提供了一次难得的亲身体验和实践锻炼的机会。活动过程中，处处可以看到同学之间、师生之间团结友爱、相互帮助的感人场面，看到师生克服困难、挑战极限、战胜困难的勇气和决心。通过这项活动，让孩子们接受了光荣的革命传统教育和爱国主义教育，重温了长征精神，直面挑战，经受考验，用实际行动践行了社会主义核心价值观。学校用 26 年的坚持不懈，不断落实立德树人根本任务，其实践成果应是我国基础教育面向未来改革发展的一条有效途径，对推动和落实习近平新时代中国特色社会主义思想和创新思政课育人模式具有重要的实践意义和推广价值。

坚持 26 年徒步任山河烈士陵园扫墓活动引起了社会各界广泛关注，固原电视台、固原日报社等多家媒体几乎每年都跟踪采访报道。尤其 2021 年 4 月 2 日人民网《连续 26 年！宁夏固原师生每年徒步 54 公里祭扫慰英烈》的报道在全国引起强烈反响。人民网、新华网、央广网、央视《经济信息新闻联播》、环球网、新华视点、中国之声等中央媒体，宁夏新闻网、《宁夏日报》等地方媒体及很多商业网站先后参与了报道，点赞人数超过 300 万，点击量覆盖网民超过 16 亿人次。这项活动影响和带动了当地学校及社会各界广泛开展红色研学的良好风气。

2020 年，弘文中学被全国双拥工作领导小组、退役军人事务部、中央军委政治工作部评为"爱国拥军模范单位"，2021 年 1 月被中共宁夏回族自治区委员会、宁夏回族自治区人民政府、中国人民解放军宁夏军区评为"爱国拥军模范单位"。

（本案例获宁夏第一届基础教育教学成果一等奖）

后　记

在六盘山的怀抱中，翻开《百里壮行任山河纪事》，每一页都似乎散发着山间清新的空气和泥土的芬芳。孩子们的文字，如同山间流淌的清泉，纯净而朴素，映照着他们红扑扑的脸蛋和金灿灿的笑容。这些篇章，是"万水千山只等闲"革命乐观主义精神在新时代的生动体现，它们如同六盘山的山风，吹拂着青少年们的心灵，照亮他们前行的道路。

本书中，我们得以窥见孩子们用自己尚显稚嫩的笔触，书写着"自古英雄出少年"的豪情壮志。他们的脚步虽小，却坚定地踏出了历史的回响，将那"天高云淡，望断南飞雁"的壮阔景象，重新绘制在六盘山的巅峰之上。孩子们的脸上，写满了革命乐观主义的豪迈，他们的文章，让人心生温暖，仿佛能感受到那份从心底涌出的力量。

108 里的路程，15 个小时的行走，29 年的淬炼与传承，3 万余人的参与，孩子们用脚步丈量敬意，用行动缅怀先烈。这不仅是一次身体的远足，更是一场心灵的洗礼。随着时间的流转，这堂"行走的思政课"已从单一的祭奠活动，演变为涵盖多学科的综合教育实践。它不仅让青年学子铭记历史，更在他们心中播下红色的种子，厚植爱国情怀，铸牢中华民族共同体意识。如今，这堂课已成为弘文中学乃至全国的优质教育品牌，受到广泛关注。

《百里壮行任山河纪事》的出版，是对过去29年教育实践活动的回顾，也是对未来的期待。它记录了师生的坚韧与成长，传递了跨越时空的力量和温暖，激励着每一位读者，特别是后继者传承精神，走好新时代的长征路。

在此，我们向参与此项活动的全体弘文师生表示感谢，是大家用汗水和智慧共同凝结成了《百里壮行任山河纪事》；我们向开创"行走的思政课"先河的韩宏校长、20多年力排众议坚持此项活动的任皓校长、黄志刚校长、邓志田副校长、闵祥副校长、王慧珍主任，以及退休老教师和调离本校的教师表示衷心的感谢，可以说没有他们，就没有今天"行走的思政课"这一教育品牌；也感谢王毅主席十多年来坚持对此项活动资料的收集和整理。同时对参与本书编写和编辑的人员表示诚挚的谢意，正是大家的努力和付出，让本书成为一部连接过去与未来、个人与社会的桥梁。我们期待本书激发更多人的思考和行动，让这份坚韧不拔的精神和对未来的憧憬，继续在教育的道路上播种希望，收获成长。

编　者